PLAISIRS D'HIVER PAS CHERS

Alain Demers

Édition 2001

ÉDITIONS DU TRÉCARRÉ

Conception graphique et mise en pages : Cyclone Design Communications Inc.
Révision linguistique : Monique Thouin

ISBN : 2-89249-812-0

Dépôt légal 2000
Bibliothèque nationale du Québec

Nous reconnaissons l'aide financière du gouvernement du Canada par l'entremise
du Programme d'aide au développement de l'industrie de l'édition (PADIÉ)
pour nos activités d'édition ; du Conseil des arts du Canada ; de la Sodec ; du
gouvernement du Québec par l'entremise du Programme de crédit d'impôt
pour l'édition de livres (gestion Sodec).

Éditions du Trécarré
Outremont (Québec) Canada

Imprimé au Canada

TABLE DES MATIÈRES

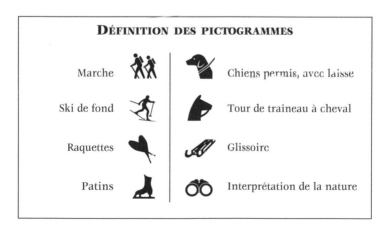

DÉFINITION DES PICTOGRAMMES

Marche		Chiens permis, avec laisse
Ski de fond		Tour de traîneau à cheval
Raquettes		Glissoire
Patins		Interprétation de la nature

FINIS, LES HIVERS ENNUYANTS (PEU IMPORTE LA TEMPÉRATURE)!

Si vous ne faites pas de ski alpin ou si vous ne possédez pas un chalet dans le Nord, vous vous croyez peut-être condamné à passer un autre hiver maussade. À tort.

Il y a beaucoup à voir et à faire en hiver, pour pas cher. À Montréal ou pas loin.

Dans beaucoup de parcs, des sentiers et des chemins sont ouverts toute la saison pour marcher. C'est le cas, entre autres, au mont Saint-Bruno, à Saint-Jérôme le long de la rivière du Nord, ou encore à Bois-de-Liesse, à l'angle de l'autoroute 13 et du boulevard Gouin, sur l'île de Montréal.

Certains sites se prêtent bien à l'observation des oiseaux, grâce à des mangeoires installées près du chalet d'accueil ou d'un sentier. Dans les sous-bois du lac Boivin, à Granby, comme à la Pointe-aux-Prairies, dans l'est de l'île de Montréal, les mésanges viennent même se percher sur nos doigts. Il suffit de mettre des graines de tournesol au creux de sa main pour les attirer.

Pour le ski de fond, les endroits ne manquent pas non plus, mais vous en connaissez déjà plusieurs. À essayer au moins une fois cet hiver : la raquette de montagne. On en loue au mont Saint-Hilaire ou au Domaine vert, à Mirabel. Expérience non requise.

Le patin est toujours aussi populaire, mais il y a des endroits vraiment plus intéressants que d'autres. À partir de Joliette, s'étire un boulevard de glace sur près de 5 km. C'est la plus longue patinoire sur rivière au Québec. Il ne fait pas assez froid pour que la glace prenne ?

Allez au Vieux-Port, où la surface réfrigérée permet de patiner dès le début de décembre.

Comme la température varie beaucoup d'une semaine à l'autre ou même d'une journée à l'autre, il suffit simplement de s'adapter, sans se laisser gâcher son plaisir par les humeurs de la météo... C'est justement le but de ce livre.

S'il n'y a pas assez de neige pour skier, on n'a qu'à aller se promener sur les sentiers pédestres. S'il fait un froid sibérien ou s'il pleut (ça arrive), il y a des fermes et des petits zoos intérieurs passionnants à visiter, sans oublier les musées. On a aussi le loisir de se délier les muscles en patins à roues alignées à la Récréathèque de Laval, ou en patin à glace à l'Atrium, au centre-ville de Montréal.

Et pourquoi ne pas apprendre les danses tropicales, comme la salsa et le merengue ? Les cours ne sont pas chers et le rythme des musiques de vacances vous réjouira, comme si vous étiez à Cuba ou en République dominicaine.

Si vous voulez bien me suivre, je suggère 60 excursions : plusieurs en plein air, d'autres à l'intérieur, sans bottes ni manteau. Je vous ferai également découvrir des trucs pour ne plus avoir froid, pour acheter de l'équipement pas cher ou pour louer un chalet.

Vous avez entre les mains tout ce qu'il faut pour passer un bel hiver... peu importe la température !

Alain Demers

Note au lecteur

Même si j'ai visité la majorité des destinations l'hiver dernier, des changements sont toujours possibles dans les aménagements ou les services offerts. Même chose pour les tarifs, lesquels ont été vérifiés juste avant la publication. Passez un coup de fil avant de vous rendre à destination. Par la même occasion, on vous communiquera les dates et heures d'ouverture.

Dans ce guide, la définition d'un chalet d'accueil est un bâtiment qui abrite un comptoir d'information et des toilettes.

Excursions
en plein air

L'Arboretum Morgan : une forêt championne

À *Sainte-Anne-de-Bellevue, dans l'ouest de l'île de Montréal, l'Arboretum Morgan est une superbe forêt où il fait bon · marcher, skier et s'émerveiller. S'il en est ainsi, c'est qu'on y a donné un coup de pouce à la nature.*

Cultiver les arbres

En 1945, la famille Morgan cédait son domaine de 245 ha à l'Université McGill. Leur but : faciliter l'enseignement et la recherche afin de favoriser de meilleures pratiques forestières.

Bien avant cette cession, on y retrouvait des champs en culture et un peu d'arbres. À force d'expériences avec les plantations et la forêt originale, le campus Macdonald a développé un savoir-faire dans l'aménagement de boisés.

Déjà, en 1953, la propriété accédait au titre de première ferme arboricole certifiée du Québec.

Variété impressionnante

Au fil des années, on en est venu à regrouper l'un des ensembles les plus complets d'arbres originaires du Canada. Plus de 150 essences d'arbres et arbustes poussent sur ce domaine unique, qui n'en comptait que 40.

Les essences étrangères introduites ont, entre autres, été choisies en fonction de leur utilité pour la recherche sur la pulpe et le papier, le bois de construction et l'arboriculture ornementale.

Citadins et chiens!

Les hommes qui plantaient des arbres ne se doutaient peut-être pas à quel point les citadins apprécieraient leur nouvelle forêt, si bien qu'aujourd'hui l'accès aux chiens, sans être interdit, y est limité.

Il y a même des frais d'inscription et une liste d'attente. Informez-vous.

Avec ou sans chien, l'Arboretum Morgan vaut le détour.

BON À SAVOIR 🚶 ⛷ ∞ 🐕

Accès en auto	autoroute 40, sortie 41,
	chemin Sainte-Marie et chemin des Pins
Frais d'entrée	(marche) 5 $/ adulte, 2 $/ enfant;
	(ski) 6 $/ personne
Sentiers pédestres	5 km
Sentiers de ski	15 km
Services	chalet d'accueil
Site	Arboretum Morgan
	150, chemin des Pins
	Sainte-Anne-de-Bellevue
Tél.	(514) 398-7812
Internet	www.total.net/ ~ arbo

Bois-de-Liesse, une halte sous la 13

Nombreux sont ceux qui roulent sur l'autoroute 13 sans jamais s'être arrêtés au parc-nature du Bois-de-Liesse, au nord de l'île de Montréal. Il n'est jamais trop tard pour bien faire, car, avec ou sans neige, il est très agréable de marcher dans les sentiers ou de faire un pique-nique.

J'y ai déjà vu un renard et des cardinaux rouges. Grâce à une dizaine de postes d'alimentation, répartis le long des sentiers, on observe régulièrement une douzaine d'espèces d'oiseaux. Les mésanges et les pics sont habituellement fidèles au rendez-vous.

À pied

À l'arrière de la Maison Pitfield, le chalet d'accueil du boulevard Gouin, des tables à pique-nique permettent une halte en plein air. De là, un sentier traverse un petit boisé et un champ. On se sent à la campagne. Le trajet mène jusqu'au chalet d'accueil des champs, 1 km plus à l'ouest.

J'aime bien m'arrêter à cet endroit. De mon sac à dos, je sors des jumelles et une bouteille isolante. En sirotant un café, assis à une table à pique-nique, j'écoute les oiseaux chanter et je les épie.

De là, un sentier de 1 km traverse une belle forêt de bois francs, jusqu'à la limite ouest du parc, au boulevard Sunnybrooke. Puis, on revient sur ses pas.

À partir du chalet d'accueil des champs, un sentier en boucle de 1 km s'enfonce aussi dans la forêt, celui-là passant près du ruisseau Bertrand. Si la neige ne porte pas bien, mieux vaut y aller en raquettes. Pour les sentiers mentionnés avant, à pied, ça va, car ils sont entretenus avec une niveleuse.

Découvrir l'érablière

Même s'il ne s'y trouve pas de cabane à sucre, le parc-nature du Bois-de-Liesse se prête bien à la découverte de l'érablière. Vers la fin de l'hiver, des naturalistes informent les visiteurs sur le sujet, parlant non seulement de la montée de la sève mais aussi de la vie animale.

BON À SAVOIR

Accès en auto	autoroute 13, puis boul. Gouin Ouest
Accès en métro	station Henri-Bourassa, puis autobus
Frais d'entrée	gratuit
Stationnement	4 $
Sentiers pédestres	4 km
Sentiers de raquette	1 km
Sentiers de ski	18 km
Services	chalet d'accueil, casse-croûte
À louer	skis de fond, raquettes, traîneaux
Site	Parc-nature du Bois-de-Liesse
	9432, boul. Gouin Ouest (Maison Pitfield)
	Pierrefonds
Tél.	(514) 280-6729
Internet	http://www.cum.qc.ca/parcs-nature

Une ferme sur l'île de Montréal

Dans l'ouest de l'île de Montréal, au bout du chemin du Cap-Saint-Jacques, on se retrouve avec étonnement en pleine campagne et il y a là une ferme pas comme les autres.

Non seulement est-ce l'une des très rares fermes de l'île mais, à ma connaissance, c'est la seule ouverte à tout le monde.

On se rend même en autobus jusqu'au poste d'accueil du parc-nature, à 2 km de là. Ceux qui n'ont pas peur d'user leurs semelles font volontiers le parcours à pied. Bien entendu, en skis de fond, c'est encore plus rapide. On y va aussi en auto.

Animaux

Dans la grange, vivent chèvres, moutons, vaches et chevaux. Pas besoin de frapper à la porte avant d'entrer. Ne vous gênez pas non plus pour aller dans le poulailler.

Pour faire le tour de la ferme et de ses terres, rien de plus chouette qu'une balade en carriole tirée par des chevaux. Quand il y a trop de monde, on se sert d'une charrette à foin tirée par un tracteur. La promenade dure 20 minutes.

Magasin général

Le week-end, le magasin général ouvre ses portes. Sur les tablettes, se trouvent des produits de la ferme : œufs, sirop d'érable, miel... Il y a aussi des marinades maison, faites avec les surplus du jardin.

À l'intérieur même du magasin, une boutique originale propose des pièces d'artisanat, près de la nature : cahiers de papier recyclé, bouquets de fleurs séchées, peintures sur bois et j'en passe.

Mission

La ferme écologique, gérée par la Corporation D-Trois-Pierres, fait travailler des jeunes de 18 à 30 ans en réinsertion sociale. Les fruits et légumes, tout comme le fourrage et le grain, sont produits sans pesticides. La ferme utilise son propre compost et des engrais biologiques.

Plus écolo que ça, c'est pas mal rare.

RELAIS DE SKI

Le charme du ski de fond au parc-nature du Cap-Saint-Jacques ne réside pas dans ses pistes mais dans ses relais !

À défaut d'offrir des pentes et des points de vue spectaculaires, le réseau de sentiers permet une halte dans une maison de campagne ou dans un drôle de château.

Pour ne rien manquer, empruntez la piste Lièvre (10 km), qui fait le tour du cap.

Maison

Au tiers du parcours, on arrive à la ferme écologique. Libre à vous d'aller voir les animaux dans la grange.

Il fait bon s'arrêter à la Maison de la ferme, pour siroter un chocolat chaud ou pour prendre une bouchée au restaurant.

Château

Le sentier nous fait passer, 2 km plus loin, par le Vieux Château. Dans ce vaste bâtiment de pierres, crépitent deux feux de foyer près desquels on se prélasse et on se réchauffe les pieds.

Excursions en plein air

Dans la rotonde, les fondeurs se regroupent autour de l'énorme foyer à quatre faces.

Cabane à sucre

Vers la fin du parcours, on croise une cabane à sucre, ouverte les week-ends. C'est tout petit et on n'y accueille que 25 personnes à la fois, mais l'endroit est sympathique. Spécialité : la crêpe au sirop d'érable.

Au fait, on peut aussi aller à la cabane sans parcourir toute la piste Lièvre. Il suffit pour cela d'emprunter la piste Tortue, une boucle de 2 km, partant du chalet d'accueil.

Au Cap-Saint-Jacques, les relais ne servent pas qu'à se réchauffer, ils deviennent une destination où on a du plaisir à flâner.

Vraiment, on ne se croirait pas sur l'île de Montréal.

Accès en auto	autoroute 40 Ouest,
	sortie chemin Sainte-Marie
Accès en métro	station Côte-Vertu, puis autobus
Frais d'entrée	gratuit
Stationnement	4 $
Sentiers	
pédestres	6 km
Sentiers de ski	10 km
Services	chalet d'accueil, casse-croûte
À louer	skis de fond
Tour de carriole	
à cheval	3 $/ adulte, 2 $/ enfant
Site	Parc-nature du Cap-Saint-Jacques
	20 099, boul. Gouin Ouest
	Pierrefonds
Tél.	(514) 280-6871 (parc),
	280-6743 (ferme et cabane à sucre)
Internet	http://www.cum.qc.ca/parcs-nature

Excursions

en plein air

Laval vert

Juste à l'ouest de l'autoroute 25, le Centre de la nature est une véritable oasis de tranquillité à Laval. Dans cette ancienne carrière du quartier Saint-Vincent-de-Paul, on patine, on skie et on rencontre des animaux...

Imaginez un instant la carrière Miron, laide et bourrée de tonnes de déchets, se transformer en parc Lafontaine mais en plus naturel et avec plus d'attraits encore. Impossible? Sachez que, c'est un peu ce qui s'est passé à Laval avec le Centre de la nature, une carrière aménagée en espace vert de 2 km sur 0,5 km dans les années 70.

Le site est considéré comme l'un des plus beaux exemples d'aménagement de carrière désaffectée au nord-est du continent.

Patinoire sur lac

À quelques minutes de marche du stationnement de l'avenue du Parc, un beau grand chalet domine le lac des Voisins. C'est là qu'on chausse ses patins ou qu'on entre se réchauffer un peu.

Quelle surprise de trouver une patinoire aussi vaste (500 m de contour) et bien entretenue en plus! Du côté ouest, elle est même un peu à l'abri du vent, protégée par de majestueuses épinettes de Norvège et par la falaise de l'ancienne carrière.

Sports de glisse

Il y en a qui préfèrent glisser. Surtout les jeunes, mais aussi plusieurs grands... en traîneau ou en chambre à air.

Pour eux, un mont, tout à fait au nord, offre plusieurs pentes.

Remarquez, ce n'est pas une raison pour bouder le ski de fond. Un réseau de pistes faciles, d'une longueur de 5 km avec plusieurs raccourcis, fait le tour du site pour revenir au chalet. Un autre sentier, celui-là pour le pas de patin, forme une boucle de 1 km, toujours à partir du chalet.

Découvertes

Juste derrière le chalet, une falaise a été laissée à découvert par l'ancienne carrière. Eh bien, malgré son apparence banale, elle a été formée au cours de l'Ordovicien moyen, soit il y a 460 millions d'années! Ses strates de calcaire renfermant de minuscules coquillages indiquent qu'une mer recouvrait la région. Souvenez-vous-en, pareille information se glisse bien dans une conversation.

Si le ciel vous intéresse autant que la Terre, vous serez servi. Les fins de semaine, au cours des soirées claires, le Club des astronomes amateurs de Laval vous invite à l'observatoire, situé à quelques minutes du chalet, sur l'avenue du Parc. Malgré la luminosité de la ville à proximité, on arrive à observer la Lune et cinq planètes dont Mars et Jupiter.

Pas banal, le Centre de la nature...

PLACE AUX ANIMAUX!

Au Centre de la nature, juste à côté du terrain de jeu, les enfants ont la chance de côtoyer toutes sortes d'animaux d'élevage. Pour le plus grand bonheur des parents!

À voir la mine réjouie des tout-petits, le site vaut amplement le déplacement, ne serait-ce que pour ses bêtes.

Parc de chevreuils

Érigé sur une pente boisée, un grand enclos accueille une douzaine de cerfs de Virginie, appelés couramment chevreuils. Les bêtes, pourtant apprivoisées, n'ont pas tout à fait perdu leur comportement sauvage. Lorsqu'un bruit suspect survient, il leur arrive encore de soulever la queue et de frapper le sol avec un sabot.

Grange

Une grange abrite chevaux, vaches et autres animaux de la ferme. Sous le même toit, une exposition nous livre des secrets de la nature. On y voit, entre autres, comment est confectionné un nid de guêpes.

Un peu plus loin, une douzaine de canards sauvages s'ébattent dans un petit bassin. Voilà une belle occasion de regarder de près pilet, sarcelle ou canard huppé.

Serre tropicale

Près de l'étable, on a construit une serre. Tout de suite en entrant, on traverse un petit pont, au cœur d'une jungle reconstituée. Des chutes murmurent. Le long du sentier, s'égaient plein d'oiseaux.

Des diamants mandarins (une espèce de pinson originaire d'Asie) volent librement entre bananiers et palmiers. Sur une poutre suspendue, pendent de superbes orchidées violacées.

Pour un moment, vos enfants se sentiront dans la jungle. Même adulte, on se laisse prendre au jeu...

Accès en auto	autoroute 25, boul. de la Concorde vers l'ouest, puis avenue du Parc vers le nord
Accès en métro	station Henri-Bourassa, puis autobus
Frais d'entrée	gratuit
Stationnement	3 $ par auto (week-end et jours fériés), gratuit avec carte Avantages Laval
Sentiers pédestres	5 km
Sentiers de ski	6 km (1 km pour le pas de patin)
Services	chalet d'accueil, casse-croûte
À louer	patins, skis de fond, chambres à air
Site	Centre de la nature de Laval 901, av. du Parc Laval
Tél.	(450) 662-4942

Excursions

en plein air

Le cimetière du Mont-Royal, un repaire discret

Pendant qu'au parc du Mont-Royal plein de monde glisse, patine ou marche, l'autre côté de la montagne est plutôt tranquille...

Situé entre la colline d'Outremont, derrière l'Université de Montréal, et le sommet principal du mont Royal, le cimetière se trouve au creux d'une vallée boisée, juste au pied de la pente bordant la voie Camillien-Houde.

On y pénètre d'abord avec une certaine pudeur puis, au cours de la balade, on se détend en découvrant avec émerveillement un superbe aménagement paysager et, surtout, un paradis des oiseaux.

Entrées

En autobus, il faut emprunter l'entrée sud, par la voie Camillien-Houde. En auto, mieux vaut se rendre au bout du chemin de la Forêt, à l'entrée nord du cimetière du Mont-Royal (ne pas confondre avec le cimetière Notre-Dame-des-Neiges, à l'ouest). Là, se dresse une superbe arche en pierre taillée, ornée de tourelles.

À peine a-t-on passé l'entrée que déjà on entend chanter les oiseaux. Si vous n'avez qu'une heure, marchez lentement, depuis le bosquet, à gauche, jusqu'au crématorium. Une bande de forêt, traversée d'un ruisseau, attire pics, mésanges et sitelles.

Un vaste domaine

Pas moins de 15 km de voies pavées sillonnent le site dans tous les sens. On peut y marcher une journée entière, à condition évidemment d'être bien chaussé.

Pour ma part, j'ai fait le tour complet, en me tenant sur les chemins toujours à ma gauche. On croise alors des forêts mixtes, mais aussi une variété d'arbustes et d'arbres fruitiers.

Cardinal et autres

Ma plus belle rencontre : un cardinal rouge en plein concert. Il se trouvait tout près de *Pine Hill Side*, à mi-chemin entre l'entrée nord et l'entrée sud.

Des petits chanteurs ailés, il en gazouille un peu partout. Une bonne trentaine d'espèces s'y retrouvent l'hiver. Dans les grands conifères, on a souvent vu des chouettes et des hiboux...

Pour les ornithologues, c'est la fête, mais nul besoin d'être un spécialiste pour apprécier cette balade : les oiseaux et la nature, c'est toujours beau.

FORÊT JARDIN

Les oiseaux font des gammes. Le coup d'œil plaît. Pentes et terrasses épousent le relief.

L'aménagement, conçu vers la fin des années 1840, détonne par rapport aux sites lugubres aux ternes pierres tombales placées en rangées. Chaque année, on plante 100 feuillus et conifères, en plus de centaines d'arbustes. On s'assure ainsi de la perpétuité de cet espace vert couvert de 10 000 arbres.

La moitié sont des chênes rouges et des érables à sucre. Certains spécimens sont plus que centenaires.

Découvertes

En marchant lentement dans le labyrinthe de petits chemins, j'ai admiré plusieurs arbres remarquables. Des plaques permettent d'ailleurs d'identifier 300 spécimens.

Près de l'entrée, à gauche, se dresse un superbe ginkgo. Avec ses branches étendues, il a une allure préhistorique. Cette espèce, considérée comme sacrée en Extrême-Orient, existait déjà à l'époque des dinosaures.

Spécimens rares

Plus au sud, entre la section B-3 et *Lilac Knoll*, se dresse un micocoulier de belle taille, un arbre poussant normalement dans des régions plus chaudes. Ce spécimen serait le plus gros au Québec.

Vers la voie Camillien-Houde, dans la section C, subsistent quatre ormes ayant miraculeusement échappé à la maladie hollandaise. Tout près, dans la section B1, un bouleau blanc a servi de refuge à un duc maculé pendant des années.

Grâce à ses arbres, le cimetière du Mont-Royal est considéré comme l'un des plus beaux en Amérique du Nord.

Accès en auto	boulevard Mont-Royal (à l'ouest de l'avenue du Parc), puis chemin de la Forêt (entrée nord)
Accès en métro	station Mont-Royal, puis autobus sur la voie Camillien-Houde (entrée sud)
Frais d'entrée	gratuit
Sentiers pédestres	15 km
Services	chalet d'accueil
Site	Cimetière du Mont-Royal 1297, chemin de la Forêt Outremont
Tél.	(514) 279-7358
Internet	www.mountroyalcem.com

Excursions *en plein air*

L'Écomuseum : un petit zoo pas comme les autres

Un lynx m'observe. Des cerfs de Virginie gambadent...

À Sainte-Anne-de-Bellevue, dans l'ouest de l'île de Montréal, un petit zoo éducatif abrite les animaux typiques de la vallée du Saint-Laurent. Ici, grâce à l'Écomuseum, une marche d'une heure ou deux devient un safari éclair dans la vallée du Saint-Laurent.

Petite histoire

Avec ses cerfs, ses aigles et ses caribous, l'Écomuseum a de quoi nous émerveiller. Sa raison d'être est aussi de nous montrer à quel point la vallée du Saint-Laurent mérite d'être protégée et même réparée. En 1984, quand la Société d'histoire naturelle de la vallée du Saint-Laurent a pris le terrain en main pour l'aménager, il était temps.

Au cours des 20 années précédentes, on y avait enfoui les débris de la construction de l'autoroute 40, puis de la rénovation des collèges John Abbott et Macdonald. Plus de la moitié du marais avait ainsi été détruit. Avant que l'on puisse parler aménagement, il a fallu tout un nettoyage.

Nos animaux

Dès le début de votre visite, vous vous retrouvez nez à nez avec un pygarge à tête blanche. Plus loin, dans une volière, vous observez à votre guise une dizaine d'espèces d'oiseaux aquatiques typiques, depuis les morillons du lac Saint-François aux oies blanches de l'estuaire.

L'excursion se poursuit avec la rencontre des caribous. Chemin faisant, vous croisez le coyote, ce prédateur bien adapté aux forêts habitées de la rive sud, puis le loup, qui préfère les forêts plus reculées.

Pour mieux apprécier votre visite, partez avec l'idée d'apprendre. Vous en reviendrez enchanté.

À l'Écomuseum, l'exploration commence avant même qu'on ait mis le nez dehors.

À travers la fenêtre, je contemple la scène. Autour des mangeoires débordant de graines de tournesol et de millet s'ébattent une dizaine d'espèces d'oiseaux.

Grenouilles et tortues

Dans la salle d'exposition, plusieurs petits aquariums sont encastrés dans les murs. Vous verrez enfin des raseux de terre : vous savez, ces tout petits poissons qui nous mordillent les orteils à la plage. Regardez bien nager la tortue molle à épines : seulement quelques nids ont été recensés au Québec, soit à la baie Missisquoi.

Les grenouilles vous intéressent ? Grâce à un jeu inter-actif, choisissez une espèce, en appuyant sur un bouton, et vous entendrez son chant. La grenouille des marais coasse comme une porte qui grince, alors que la grenouille verte semble imiter le son d'un banjo.

Curiosités

Vous connaissez la rainette versicolore ? Eh bien, comme son nom l'indique, elle change de couleur comme un camé-léon. Un autre spécimen rare : la tortue géographique, une espèce confinée à un tout petit secteur du lac des Deux-Montagnes et de la rivière des Outaouais.

À l'Écomuseum, ne vous attendez pas à quelque chose de spectaculaire dès votre arrivée. Prenez le temps de chercher. C'est ainsi que se révéleront à vous de nombreu-ses petites merveilles.

BON À SAVOIR 𝔸𝔸 ∞

Accès en auto	autoroute 40, sortie 41, jusqu'au chemin Sainte-Marie
Frais d'entrée	6 $/ adulte, 3,50 $/ enfant (5 à 14 ans)
Services	chalet d'accueil
Site	Écomuseum
	21 125, chemin Sainte-Marie
	Sainte-Anne-de-Bellevue
Tél.	(514) 457-9449
Internet	www.ecomuseum.ca

Granby sauvage

Pas besoin d'aller au fin fond des bois pour faire une excursion hors de l'ordinaire. À Granby, tout près d'un quartier résidentiel, on se promène tantôt sous des pruches centenaires, tantôt au cœur d'un marais.
Des mésanges viendront même manger dans vos mains.

À moins d'une heure de route de Montréal, le Centre d'interprétation de la nature du lac Boivin vaut le détour. Pour nourrir les mésanges ou pour le plaisir de découvrir. Avec une poignée de graines de tournesol en poche, empruntez le sentier La Prucheraie, puis celui nommé Le Marécage. C'est une marche agréable d'une heure ou deux.

La Prucheraie

Dès le départ, une tour d'observation haute de 10 m offre une vue magnifique sur le marais, dominé à l'arrière par le mont Bromont et le mont Shefford.

Chemin faisant, vous pénétrez dans une prucheraie plus que centenaire, l'une des seules qu'on ait réussi à préserver dans toute la région. Autrefois, les pruches ont beaucoup été exploitées. Avec leur écorce, on produisait le tanin, que les tanneries utilisaient pour traiter le cuir.

Le Marécage

Le sentier sort ensuite de la forêt. Une passerelle de 40 m, sinueuse, passe en plein cœur d'un marécage bordé de quenouilles et de bosquets d'aulnes. De toute beauté !

Des centaines d'oiseaux migrateurs y font une halte au printemps. Plusieurs restent tout l'été, pour élever leurs rejetons.

Un paradis des oiseaux

L'hiver, une trentaine d'espèces d'oiseaux vivent au lac Boivin. Au cours de l'année 1995, on y a recensé 256 espèces d'oiseaux, l'équivalent de la réserve nationale de Cap Tourmente!

Ce nombre apparaît quelque peu surévalué, peut-être à cause de l'intense participation des ornithologues aux inventaires. N'empêche, le site demeure un paradis des oiseaux.

Dire qu'au début des années 70 le site a failli être remblayé à des fins de développement résidentiel! L'Association pour la conservation et l'aménagement des marécages a alors convaincu la Ville de Granby que les lieux constituaient une richesse écologique à préserver et à faire découvrir.

Une histoire qui finit bien!

BON À SAVOIR

Accès en auto	autoroute 10 (Cantons-de-l'Est), sortie 74
Frais d'entrée	gratuit
Sentiers pédestres	13 km
Services	chalet d'accueil, boutique
Site	Centre d'interprétation de la nature du lac Boivin
	700, rue Drummond
	Granby
Tél.	(450) 375-3861

Ski et paix sur l'île Bizard

Le circuit de ski de fond le plus méconnu au Québec, ce n'est pas au creux du parc du Mont-Tremblant qu'il se trouve, ni dans les Chic-Chocs en Gaspésie. Non, on le découvre bêtement dans le Grand Montréal, au parc-nature du Bois-de-l'Île-Bizard!

La dernière fois que j'y suis allé, par un beau dimanche, il y avait seulement quelques voitures dans le stationnement. Je n'en revenais pas. Les pistes étaient glacées, mais tout de même...

Au chalet d'accueil, on m'a dit recevoir à peine 100 skieurs par jour, la plupart du temps. Vraiment surprenant.

Changement de décor

Partant du chemin Bord-du-Lac, des sentiers en boucle forment un réseau de 20 km. Une amie et moi avons pris la piste Lièvre, qui fait 7 km. C'est la plus longue.

D'accord, ce n'est pas très long, mais le décor change plusieurs fois le long du parcours.

Passerelle

Après quelques foulées en forêt, nous nous sommes retrouvés sur une passerelle de bois de 0,5 km de long, en plein cœur d'un marais glacé. La piste à deux voies, bien tracée, s'y prolonge.

Partout autour, des arbres morts, des quenouilles dorées et un désert blanc. Quel dépaysement!

Forêt

Au sortir de la passerelle, le sentier mène dans une cédrière, bien à l'abri du vent. Nous avons fait une pause au belvédère du Grand héron, histoire d'admirer un autre point de vue du marais.

Un quart d'heure après être repartis, nous sommes arrivés dans une érablière à hêtres qui nous réservait quelques petites pentes, mais vraiment très douces.

Avant de revenir à notre point de départ, nous avons de nouveau traversé la passerelle. Cela nous a pris deux heures pour faire le circuit, sans trop nous presser. C'était tranquille et dépaysant.

Je vais y retourner.

MON BEAU MARAIS

Pour un œil non averti, un marais peut sembler un milieu abandonné et inutile, surtout en hiver.

Pourtant, en regardant plus attentivement, on décèle des traces de vie intéressantes.

Lire la neige

À côté de la passerelle, dans le marais, j'ai vu plusieurs traces de renard. Elles sont faciles à reconnaître, car elles sont alignées, bien droites, les unes derrière les autres, à la manière d'un pointillé sur la neige.

Les traces pénétraient ici et là sous des touffes d'herbe sèche, le renard y ayant probablement cherché des mulots.

Entre le marais et l'érablière, d'autres traces, imprimées à même le sentier de ski cette fois, indiquaient le passage d'un raton laveur. Les marques de ses pattes antérieures qui ressemblent à des mains ne laissaient pas de doute.

Arbres morts... vivants

Aux abords du marais, beaucoup d'arbres morts, noyés à force d'avoir les racines dans l'eau, donnaient une allure lugubre au paysage. Pourtant, ces arbres sont très utiles.

Criblés de trous, plusieurs d'entre eux indiquaient que des pics étaient venus y chercher des insectes. D'autres, avec leurs fourches nombreuses mais bien dégagées, formaient des perchoirs pour les oiseaux nicheurs, de retour le printemps prochain.

Utile

Malgré ses apparences stériles, un marais glacé reste un marais. Au printemps prochain, il jouera le rôle d'une éponge.

En accumulant les eaux de fonte, le marais contribue à maintenir la vie dans le parc. Insectes, grenouilles et tortues vont redevenir actifs et se multiplier à nouveau. Et plus de 70 espèces d'oiseaux nicheurs vont s'installer pour l'été.

Accès en auto	autoroute 40, sortie boul. Saint-Jean (nord), boul. Pierrefonds (à gauche), boul. Jacques-Bizard (à droite)
Frais d'entrée	gratuit
Stationnement	4 $
Sentiers pédestres	8 km
Sentiers de ski	20 km
Services	chalet d'accueil, casse-croûte
À louer	skis de fond
Site	Parc-nature du Bois-de-l'Île-Bizard 2115, chemin du Bord-du-Lac L'Île-Bizard
Tél.	(514) 280-8517
Internet	http://www.cum.qc.ca/parcs-nature

Revivre la Nouvelle-France, à l'île Sainte-Hélène

Emballé! Amusé! Étonné! Voilà comment je me suis senti après avoir redécouvert l'île Sainte-Hélène, en raquettes, à l'occasion de la Soirée des noctambules. Il faut dire que la balade nous ramène en 1758, en compagnie de Zéphirin et Ubert, des personnages d'époque hauts en couleur.

Nous sommes une douzaine, rassemblés pour le départ, dans la cour du Fort. Parmi nous, un couple de la Californie qui a déniché l'excursion sur Internet.

Drôle de guide

Ubert, vêtu chaudement de son capot et de ses mitasses, y va d'un mot de bienvenue : « Bien le bonjour mes braves gens, vous autres itou les créatures. Je m'en vois être votre guide pour l'expédition. J'ai bon espoir que vous comprenez le françois de Parisse [Paris]. »

Dès le début de l'excursion, Ubert nous montre comment courir en raquettes. Il est agile comme un cerf ! « Comme ça, si y a des Anglois qui nous attaquent, dit-il, vous serez point pris de court. »

La Nouvelle-France, on s'en souviendra, fut conquise par les Anglais.

Monts et vallons

Pendant qu'Ubert raconte des histoires, il commence à faire brun. Serviable, Zéphirin tient un flambeau et nous apporte des lanternes.

Nous grimpons lentement le mont Boullé, le point le plus élevé de l'île (46 m). Juste en bas, s'étend la vallée des Ormes, nommée ainsi à cause des principaux arbres sur l'île à l'époque.

Un sentier nous y amène, puis nous traversons un petit pont qui enjambe la rivière Frontenac.

Action !

Au moment où nous faisons une halte, près de la poudrière, un coup de feu retentit. Bang! «Sauvez-vous! Les Anglois nous attaquent!» lance Ubert.

Sans tarder, notre héros réplique d'un coup de fusil, dont la flamme perce la noirceur. Nous nous enfuyons vers l'est, par le mont Montcalm (faut bien jouer le jeu), tordus de rire.

Puis, nous descendons, essoufflés et amusés, jusqu'au mont Wolfe et jusqu'au fort. On a eu du *fun* sans bon sens!

SI POPULAIRE, SI MÉCONNUE

L'hiver, sauf durant la Fête des neiges, l'île Sainte-Hélène est une grande oubliée. Pourtant, à Montréal, aucun espace blanc n'est à la fois aussi vaste et facile d'accès pour y faire une marche.

Plus de 3 km de petits chemins bien entretenus s'y offrent à la promenade. Et en plus, le métro nous amène directement sur place.

Mont Boullé

Juste à l'est de la plaine de jeu, un chemin se dirige vers l'étang La Poudrière. Un petit pont donne au pied d'une colline.

Cette colline, coiffée d'une forêt, comprend quatre coteaux. Le plus haut est le mont Boullé (46 m), nommé ainsi en l'honneur d'Hélène Boullé, la jeune épouse de Champlain.

Pour se balader, c'est l'un des plus beaux coins de l'île.

Oiseaux

Aux alentours de la piscine, d'autres chemins entourés d'arbres et, dès qu'on est en forêt, les oiseaux se font entendre.

Des mangeoires permettent de les voir de plus près. Juste à la sortie du métro, j'ai regardé mésanges et étourneaux picorer des blocs de suif suspendus. Du côté sud de la Biosphère, j'ai aussi épié longuement un pic mineur et un pic chevelu.

Comme il s'y réfugie une trentaine d'espèces d'oiseaux, il vaut la peine d'apporter des jumelles et, pour les plus curieux, un guide d'identification.

Érables variés

Si, à première vue, les arbres ne semblent pas particuliers, il n'en est rien. À l'île Sainte-Hélène, poussent trois espèces d'érable : noir, rouge et à sucre.

On y retrouve justement des espèces compagnes de l'érable à sucre, tels le tilleul d'Amérique et l'ostryer de Virginie.

Promenade

Il n'y a pas de signalisation sur les plus petits chemins. Rendu là, on se promène un peu n'importe où, sans circuit précis, juste pour le plaisir de prendre l'air à deux pas de la ville.

Accès en auto	*via* le pont Jacques-Cartier
Accès en métro	station île Sainte-Hélène
Stationnement	gratuit (sauf durant la Fête des neiges)
Sentiers pédestres	3 km (et plus)
Excursions en raquettes	Initiation et survie en forêt: 7 $/ adulte, 6,50 $/ enfant (12 ans et moins)
Soirée des noctambules	16 $/ personne
Site	Musée Stewart au Fort de l'île Sainte-Hélène Montréal
Tél.	(514) 861-6701
Internet	www.stewart-museum.org
Site	Parc des Îles Montréal
Tél.	(514) 872-ILES ou 1-800-797-ILES
Internet	www.pdi-montreal.com

Excursions

en plein air

Le Jardin botanique n'hiberne pas

J'ai fait une petite enquête dans mon entourage. Question : «Saviez-vous qu'on peut se promener à pied ou en skis de fond dans l'arboretum du Jardin botanique de Montréal?» Réponse : «Ah, oui? C'est quoi, ça, l'arboretum?»

Ça n'a rien d'un sondage Léger & Léger, mais « ça m'a scié la banane », comme dit Jean-Pierre Coallier. Quand le Jardin est recouvert de neige, on croit qu'il est fermé et que seules les serres sont ouvertes.

Chemins pédestres

Pourtant, les chemins, bien entretenus, permettent de marcher sur un circuit de 5 km. Dans l'arboretum, qui couvre plus de la moitié du Jardin, on est à l'abri, tantôt sous les ifs, tantôt sous les sapins de Douglas.

Avec ses 9 000 arbres et arbustes d'ici et d'ailleurs, l'arboretum demeure une attraction hors du commun. Y poussent même des érables asiatiques.

Mes préférés, ce sont les platanes. Leurs fruits rugueux, qui persistent tout l'hiver, ressemblent à des petites boules de Noël. On retrouve plusieurs platanes près du boulevard Rosemont, à côté de la Maison de l'arbre.

Ne manquez pas d'y faire une pause, histoire de vous réchauffer un peu, mais aussi pour découvrir cet étonnant petit centre d'interprétation. Des panneaux illustrés dévoilent la vie des arbres, comme la photosynthèse et la croissance.

Mangeoires d'oiseaux

Le long des chemins se trouvent une dizaine de mangeoires. Les oiseaux les fréquentent assidûment et deviennent ainsi faciles à épier. Une vingtaine d'espèces sont régulièrement au rendez-vous.

D'ailleurs, le Jardin botanique est l'un des meilleurs endroits pour observer les oiseaux en hiver. Au cours de ma dernière visite, j'y ai vu, comme d'habitude, des mésanges, des pics et des tourterelles tristes.

J'y ai déjà rencontré un flamboyant cardinal rouge. Pour ne rien manquer, apportez jumelles et petit guide d'identification.

Sur les pistes

Des oiseaux, on en voit aussi le long des pistes de ski de fond, sur lesquelles on croise plusieurs mangeoires.

Le réseau, de 6 km, traverse l'arboretum et rejoint le circuit, d'une dizaine de kilomètres, du parc Maisonneuve.

Sortez polars et mitaines : le Jardin botanique n'hiberne pas.

BON À SAVOIR

Accès en auto	coin rue Sherbrooke et boul. Pie-IX
Accès en métro	station Pie-IX ou station Viau
Frais d'entrée	gratuit
Stationnement	5 $
Sentiers pédestres	5 km
Sentiers de ski	6 km
Services	chalet d'accueil, casse-croûte
Site	Jardin botanique de Montréal
	4101, rue Sherbrooke Est
	Montréal
Tél.	(514) 872-1400
Internet	www.ville.montreal.qc.ca/jardin

Les chevreuils de Longueuil

Pas besoin d'aller à l'île d'Anticosti pour voir des chevreuils, car il y en a au parc régional de Longueuil. Pourtant, c'est à peine grand comme le mont Royal... et à seulement 10 minutes du pont-tunnel Louis-Hippolyte-Lafontaine!

À pied, en skis de fond ou en raquettes, vous croiserez inévitablement leurs pistes. Des chevreuils, cerfs de Virginie de leur vrai nom, il s'en trouverait 70 dans le parc et dans les petites forêts entre Longueuil et Saint-Hubert. «On en voit une douzaine régulièrement, m'a-t-on dit au chalet d'accueil. Et on les connaît presque par leur nom.» J'ai même déjà eu la chance d'observer un chevreuil à moitié albinos.

Fantômes

Curieusement, beaucoup de gens ne se doutent de rien. «Si j'ai vu des chevreuils? Mais il n'y en a pas ici!» m'a répondu un promeneur, surpris de ma question.

Explication: durant la journée, ces bêtes se reposent, bien cachées dans les sous-bois. Elles sont là mais on ne les voit pas. Jolis fantômes!

Les chevreuils sont plus actifs vers la fin de l'après-midi et ils ont alors davantage tendance à se promener aux abords de la forêt. C'est à ce moment qu'on a le plus de chances d'en apercevoir, mais il n'y a presque plus personne dans le parc. Sauf des habitués.

Certains visiteurs bien intentionnés viennent nourrir ces animaux sauvages. Malheureusement, les chevreuils finissent par s'habituer et cela crée une dépendance malsaine. De plus, les bêtes peuvent ne pas digérer ce qu'on leur offre et être malades.

Un peu de chance

Ne vous attendez pas à voir des chevreuils orange vif comme sur les calendriers. Leur pelage, plutôt brunâtre, se confond à merveille avec la forêt.

Soyez discret et gardez vos distances pour ne pas les effaroucher. Surtout en hiver, dans la neige épaisse, les chevreuils ont besoin de conserver leur énergie pour survivre.

Le meilleur endroit : derrière les jardins communautaires, près du boulevard Jean-Paul-Vincent. Un autre bon coin : au bord du chemin du Lac, près du marais.

Bonne chance, car il en faut toujours un peu...

BON À SAVOIR

Accès en auto	route 132, sortie Roland-Therrien (11), puis boul. Curé-Poirier, direction est, jusqu'à la rue Adoncour
Accès en métro	station Longueuil, puis autobus
Frais d'entrée	gratuit
Sentiers pédestres	2 km
Sentiers de raquette	2 km
Sentiers de ski	15 km
Services	chalet d'accueil, casse-croûte
À louer	skis de fond, *crazy carpets* et tricycles à neige (pour la glissoire)
Site	Parc régional de Longueuil 1895, rue Adoncour Longueuil
Tél.	(450) 468-7619

La vraie nature de Lorraine

Près de l'autoroute 640, à Ville de Lorraine, on trouve une superbe forêt. Je ne m'attendais pas du tout à trouver un si beau réseau de sentiers à deux pas d'un centre commercial!

Les sentiers pédestres, une fois recouverts de neige, sont explorés par les skieurs de fond. Derrière le Centre culturel Louis-Saint-Laurent, une pancarte indique trois circuits. Le sentier La Forêt noire se fait plutôt dépaysant, malgré sa proximité.

Ravin

Après avoir passé derrière la cour de quelques maisons cossues, on se sent tout de suite dans le fin fond des bois. Le sentier sinueux contourne vallons et coteaux.

La forêt, accrochée aux abords du ravin de la rivière aux Chiens, a fière allure.

Forêt remarquable

Un peu plus loin, le sentier débouche sur une pruche-raie. Les branches hautes, collées les unes sur les autres, forment un toit et, tout à coup, il fait plus sombre. Quelle mystérieuse atmosphère! Le sentier La Forêt noire porte bien son nom.

Chemin faisant, on remarque de nombreux bouleaux jaunes, plus connus sous le nom de merisiers. Plusieurs très grands pins blancs surplombent la forêt. Pas loin de Montréal, on ne voit pas ça souvent.

Sentier pour enfants

Si vous ne voulez pas vous retrouver dans les pentes, surtout avec des enfants, un sentier plus facile vous attend, près du centre culturel. Il est plus plat, mais l'expérience ne sera pas «plate» pour autant.

BON À SAVOIR 🎿 👓	
Accès en auto	autoroute 15 Nord, autoroute 640 Est, sortie Lorraine, boul. de Gaulle Nord, puis première rue à gauche
Frais d'entrée	gratuit
Sentiers de ski	10 km
Services	chalet d'accueil, avec foyer
Site	Le Boisé de Lorraine
	Centre culturel Louis-Saint-Laurent
	10, place Dabo
	Lorraine
Tél.	(450) 621-8550 (Hôtel de ville)
Internet	www.ville.lorraine.qc.ca

Excursions *en plein air*

Un coin secret à Mirabel

Mirabel est certainement le dernier endroit où je me serais attendu à découvrir un petit paradis pour le ski de fond. Cet éden, c'est le parc du Domaine vert, méconnu et pourtant sillonné par 50 km de pistes. Et comme les côtes n'y sont pas nombreuses, avec les enfants, c'est parfait.

La Lièvre

Toutes les mamans à qui j'ai parlé m'ont dit la même chose. Avec leur bambin, elles empruntent la piste du Lièvre, plane et à deux voies. Quand le petit en a assez, elles font demi-tour et reviennent vers la chaleur de la cafétéria.

À partir de ce sentier, on a accès à toutes les pistes. On y va vraiment pour une balade tranquille car 90 % des sentiers sont classés faciles.

La Geai gris

J'ai bien aimé la piste du Geai gris, une boucle de 4 km faisable en un peu plus d'une heure. Tout en courbes, le circuit traverse les sous-bois denses, pleins de pistes de lièvres. Ici et là, des pentes douces agrémentent le parcours.

Peu après, la piste rejoint la Lièvre, large et bien droite. Si vous avez encore un peu d'énergie, le temps est bien choisi de vous lancer dans un petit sprint.

UN PARC BIEN SPÉCIAL

Le parc du Domaine vert a 30 ans et reste méconnu, même s'il est beau et bien organisé.

Entendons-nous : s'il est trop peu connu des Lavallois et des Montréalais, pour beaucoup de gens des alentours, le parc est un peu une cour de récréation.

Bien organisé

Situé à Mirabel, le Domaine vert est bordé à l'est par Sainte-Thérèse et Blainville, puis au sud par Boisbriand. C'est une régie intermunicipale composée de ces quatre localités qui en assure le bon fonctionnement.

En matière d'organisation, le parc n'a rien à envier aux endroits les plus populaires. Signalisation impeccable, pistes bien entretenues, boutique de location, local de fartage, salle avec foyer : vraiment, tout y est.

Beau site

Dès mon arrivée, j'ai été charmé par la beauté du site. De grands pins blancs bordent le chemin principal.

À Mirabel, un secteur agricole, je m'attendais à un centre de ski plutôt dégagé, comme on en retrouve sur certains terrains de golf. Mais non, on se sent en plein bois.

Derrière le chalet d'accueil, les enfants glissent sur une petite pente. À côté d'une grange, une jolie patinoire est entourée d'arbres. À deux pas, des sentiers permettent d'explorer une pinède, à pied ou en raquettes.

Je vous le dis. Une vraie belle place.

BON À SAVOIR

Accès en auto	autoroute des Laurentides (15), sortie 23, direction Saint-Augustin
Frais d'entrée	6,50 $/ adulte, 2,25 $/ enfant, 16 $ maximum/ famille
Sentiers pédestres	3 km
Sentiers de raquette	3 km
Sentiers de ski	50 km
Services	chalet d'accueil, salle de fartage, casse-croûte
À louer	skis, raquettes de montagne
Site	Parc du Domaine vert 10 423, montée Sainte-Marianne Mirabel
Tél.	(450) 435-6510

Excursions

en plein air

Le mont Saint-Bruno : septième ciel du fondeur

Pour le ski de fond, le parc du Mont-Saint-Bruno est dur à battre. La montagne y est trop belle et pleine de surprises pour qu'on s'y contente de skier les yeux fixés sur les spatules.

À seulement un quart d'heure de la métropole, sur la rive sud du fleuve, la station a de quoi clouer le bec aux plus chialeux : une trentaine de kilomètres de pistes tous calibres, en style classique et en pas de patin, deux relais chauffés pittoresques, une école reconnue...

Que demander de plus ? Voici donc deux parcours de deux heures chacun, balisés de plaisirs et de découvertes.

Sentier écologique

Derrière le chalet, empruntez la 1. Puis, à la troisième intersection, tournez sur la 2. Avec ses deux voies qui se rencontrent et une piste pour le pas de patin, en plein centre, vous voilà sur l'autoroute des skieurs. Plutôt plane, cette piste convient bien aux débutants ou aux enfants.

Vous préférez explorer un peu ? Alors, à la prochaine intersection, choisissez la 1, de calibre intermédiaire. C'est le sentier d'auto-interprétation, nommé l'Érablière. Malgré son nom ordinaire, il souligne un phénomène extraordinaire : la montagne abrite à la fois l'érablière à caryers typique de la région de Montréal et l'érablière laurentienne, qu'on retrouve normalement en Beauce ou dans les Laurentides.

Durant un bon kilomètre sur ce sentier, une dizaine de petits panneaux vous indiqueront tous les secrets de la forêt. Seulement par l'écorce, vous apprendrez à distinguer l'érable à sucre, le caryer, le tilleul et le chêne rouge.

De la colline à la plaine

Prenez la 1. Une longue pente vous fait grimper un peu, mais tout doucement. Des skieurs s'y succèdent parfois, essoufflés. Si vos skis sont bien fartés et la cambrure bien ajustée à votre poids, c'est de la p'tite bière. Il ne suffit plus que d'y aller à votre propre rythme.

Une pente vous fait glisser de la colline à la plaine. Ah oui, n'oubliez pas de prendre la 4. Dans les champs vallonneux, vous aurez la joie de voir apparaître au loin le Vieux Moulin, un bâtiment de pierre du temps de la seigneurie de Montarville. La piste mène jusqu'à la porte. Comme relais de ski, admettez que c'est plutôt original.

À PIED, SUR LES CHEMINS

Au parc du Mont-Saint-Bruno, quand la neige couvre pour de bon les sentiers, les marcheurs cèdent le pas aux skieurs de fond. Mais pas dans les chemins de service. On s'y promène à pied, tout l'hiver durant.

Les chemins, utilisés par les véhicules du parc, servent de larges sentiers pédestres. Le réseau fait 7 km : de quoi user joyeusement ses semelles.

Vers le Vieux Moulin

J'ai bien aimé ma randonnée sur les chemins qui mènent au Vieux Moulin et je n'étais pas le seul. J'y ai croisé toutes sortes de gens : des aînés, des couples, aussi des parents poussant tendrement une poussette.

Le circuit se fait aisément en une heure ou moins, tantôt en forêt, tantôt au bord de champs vallonneux.

Parcours charmeur

Depuis le chalet d'accueil, le chemin aboutit d'abord à la rue Rabastalière Est. À droite, la voie est bordée par un pittoresque rempart de pierre et à gauche, par une rangée de gros érables.

On emprunte ensuite le chemin du lac Seigneurial, le long d'un flanc de montagne. Au loin, au creux d'un vallon, se dresse le Vieux Moulin, justement à côté du lac du Moulin.

Quelle beauté! On croirait une scène de la télésérie *Marguerite Volant*.

Vestiges de seigneurie

L'ancien moulin à eau a été construit en 1725. On y transformait le blé en farine à l'époque de la seigneurie de Montarville.

Le bâtiment est particulièrement bien préservé. Derrière, on voit même les vestiges des digues qui amenaient l'eau au moulin. Tout près, juste à côté du lac, d'immenses pins surplombent le « pont aux trois arches », comme on l'appelle au parc.

Pour apprécier ce si joli et si paisible domaine, une marche suffit. Qui dit mieux?

Accès en auto	autoroute 20, autoroute 30 Ouest, sortie 121
Frais d'entrée	ski : 8 $/ adulte, 4 $/ enfant (6 à 13 ans), gratuit (5 ans et moins)
	marche : 3 $/ personne, gratuit (5 ans et moins)
Stationnement	gratuit
Sentiers pédestres	7 km
Sentiers de ski	35 km
Services	chalet d'accueil, casse-croûte
À louer	skis de fond
Site	Parc provincial du Mont-Saint-Bruno
	Rang des 25 Est
	Saint-Bruno
Tél.	(450) 653-7544
Internet	www.sepaq.com

Excursions en plein air

Le mont Saint-Hilaire, en raquettes de montagne

Le lendemain d'une tempête de neige, j'ai loué des raquettes de montagne au Centre de la nature du mont Saint-Hilaire. J'avais déjà les miennes, mais je voulais faire l'essai d'un modèle plus récent.

Ce sont de toutes petites raquettes, de marque Tubbs. Grâce à leur cadre d'aluminium et à leur tamis en toile synthétique, elles sont ultralégères. Des crampons, sous la fixation pivotante, promettent adhérence dans les pentes.

À louer

Ma compagne a opté pour les raquettes les plus compactes (20 cm sur 65 cm), destinées aux sentiers. Je les ai choisies plus grandes (23 cm sur 76 cm), pour pouvoir aller dans la poudreuse.

Même plus grandes, elles sont deux fois plus compactes que les raquettes traditionnelles. Les harnais ajustables ont permis de chausser : de grosses bottes chaudes pour elle et des bottes de marche pour moi. Tout cela en un tournemain, grâce aux attaches à cliquet.

Avec les raquettes, on loue aussi des bâtons semblables à ceux utilisés pour le ski. Comme ils sont télescopiques, ils s'ajustent aisément à notre taille.

Parcours

Nous avons emprunté le circuit B, l'un des quatre sentiers réservés à la raquette. Le parcours de 3,5 km est classé difficile. Avec des raquettes conventionnelles, on en aurait arraché dans les pentes, comme avec des pneus d'été sur l'autoroute en février.

Mais les raquettes de montagne, c'est comme des pneus d'hiver sous une jeep. Quand la fixation pivote sous notre pied, les crampons mordent dans la neige durcie. En s'appuyant sur les bâtons, on grimpe encore mieux.

Pour voir le panorama à partir de Burned Hill, je suis sorti de piste et ai gravi une grosse butte. Rien n'est inaccessible avec ces raquettes !

Nouveaux horizons

Même dans les sentiers pédestres, battus par le passage des marcheurs, avancer est plus facile en raquettes. Ça l'est encore plus avec des raquettes de montagne.

Par un autre lendemain de tempête de neige, je me suis rendu, sans trop d'effort, jusqu'au Pain de Sucre (5 km, aller-retour).

Les raquettes Tubbs se vendent environ 200 $. Plusieurs boutiques en louent. Mieux vaut louer sur place, au mont Saint-Hilaire, d'autant plus que pour s'initier à la raquette de montagne, l'endroit est idéal.

SE PROMENER À PIED

L'hiver, les sentiers du mont Saint-Hilaire restent ouverts, battus par le passage répété des marcheurs. À une si courte distance de Montréal, c'est un des meilleurs endroits pour une promenade à pied.

Un réseau d'une vingtaine de kilomètres de sentiers permet de prendre l'air pur de la montagne.

Pain de Sucre

Parmi les cinq sentiers à notre portée, celui du Pain de Sucre est le plus intéressant. Après une heure et demie de marche, notre ascension vers le sommet est récompensée par un superbe point de vue. Juché à 415 m d'altitude, on a droit à un panorama de la plaine agricole traversée par la rivière Richelieu et dominée par le mont Saint-Bruno.

Pour mieux apprécier, allez-y par une journée claire et ensoleillée. La vue porte plus loin. Et puis, c'est si bon de s'attarder un peu, pour le lunch ou pour faire une pause. Il faut dire qu'après avoir gravi le sentier, on a le goût de se reposer. Le coup d'œil vaut largement l'effort. L'ascension à pied est plus difficile qu'en raquettes, mais si le sentier est bien battu, ça aide.

Autour du lac Hertel

D'autres sentiers permettent une balade plus accessible aux tout-petits ou aux aînés. À partir du chalet d'accueil, un chemin aboutit au lac Hertel, après seulement 10 minutes de marche. De là, plusieurs promenades agréables sont possibles.

Forêt bavarde

Partout, la forêt se révèle, grand livre ouvert. Des vieux hêtres pleins de trous indiquent que des grands pics sont venus y chercher des insectes. De gros troncs d'arbres creux se font un refuge invitant pour une chouette ou un raton laveur. C'est fou tout ce qu'un œil curieux peut dénicher là.

Accès en auto	autoroute 20 Est ou route 116 Est
Frais d'entrée	4 $/ adulte, 2 $/ enfant (6 à 17 ans)
Sentiers pédestres	12 km
Sentiers de raquette	9 km
Sentiers de ski	10 km
Services	chalet d'accueil
À louer	raquettes de montagne, skis de fond
Site	Centre de la nature
	422, chemin des Moulins
	Saint-Hilaire
Tél.	(450) 467-1755
Courriel	info@centrenature.qc.ca

Excursions *en plein air*

Le mont Royal, c'est plus que le lac aux Castors

On perçoit souvent le mont Royal comme un dépanneur pour les Montréalais ne pouvant aller ailleurs, mais on devrait plutôt considérer la montagne comme une véritable destination pour les plaisirs d'hiver.

Connaissez-vous beaucoup d'endroits sans frais d'entrée et accessibles par les transports publics où on peut se balader en skis de fond, marcher, patiner, glisser et observer les oiseaux? Ce site inusité étonne d'année en année beaucoup de monde.

En skis de fond

La plus grande surprise, c'est sans doute le ski de fond. Le réseau s'étire sur 20 km, tout près du centre-ville! Plusieurs des sentiers passent dans les sous-bois.

Quelques kilomètres de pistes ont même été tracés pour le pas de patin. Même si la montagne n'est pas bien haute, certaines pentes commandent le respect et procurent une bonne descente.

À pied

Le chemin Olmsted étonne, lui aussi. Déblayé le long de ses 6 km, c'est l'un des plus longs sentiers pédestres au Québec, en hiver. Comme le chemin fait le tour de la montagne, on le rejoint aussi près de la rue Peel, à deux pas du centre-ville.

Une boucle de 2 km coiffe le sommet, près de la croix. Tout le long du parcours, le Centre de la montagne a installé des mangeoires pour les oiseaux. À chacune de mes visites, j'y ai vu des sitelles et des mésanges.

Pour mieux explorer la montagne, passez d'abord par la Maison Smith, près du grand stationnement. Profitez-en pour visiter l'exposition, qui révèle des secrets sur l'histoire et la nature du parc. Par la même occasion, procurez-vous une carte. Elle sera votre meilleur guide.

En tripe

Si tout le monde sait qu'on peut patiner sur le lac aux Castors, les descentes en tripe sur la pente d'à côté restent pour plusieurs une petite révélation. Avec les chambres à air, qu'on loue sur place, on glisse sans danger même sur la glace vive.

Pas assez de neige? La journée n'est pas perdue. On peut toujours marcher sur le chemin Olmsted, égayé par les oiseaux.

LA BALADE DES CÉLIBATAIRES

Beau temps, mauvais temps, chaque samedi, le club JASS organise depuis 15 ans une balade au mont Royal à l'intention des célibataires! Cette randonnée s'adresse aux 30 ans et plus.

Une Marche de santé et d'amitié, comme on l'appelle, a aussi été mise sur pied pour le dimanche. Elle vise une clientèle dans la vingtaine, quoique beaucoup de participants soient dans la trentaine.

JASS

Ça veut dire quoi, JASS? «Jeunes adultes sans sexe», disent des petits malins. Il s'agit du sigle de Joviale action sociale et sportive, un organisme à but non lucratif qui organise toutes sortes d'activités, dont des randonnées en montagne.

Les intéressés viennent non seulement de la métropole mais aussi de Laval, de Saint-Lambert et d'un peu partout autour. Fait surprenant, même pour les Montréalais, l'excursion est une révélation. On y foule certains sentiers pour la première fois.

Rencontres

Mettons tout de suite les choses au clair. JASS n'est pas une agence de rencontres. Sans jouer sur les mots, il faut quand même admettre qu'une excursion entre célibataires est un fichu bon moyen de faire connaissance!

Je me suis laissé dire que les habitués ne le restent pas longtemps car ils rencontrent souvent un partenaire avec qui ils vont faire un bout de chemin à deux, dans la vie comme dans la montagne.

L'amour vous attendrait-il au détour d'un sentier?

Accès en auto	*via* l'avenue Mont-Royal Ouest
	ou le chemin de la Côte-des-Neiges
Accès en métro	station Mont-Royal, ou station Guy,
	puis autobus
Accès à pied	avenue du Parc ou rue Peel
Stationnement	3,75 $ sur place, gratuit dans les rues voisines
Chemin Olmsted	6 km
Sentiers de ski	20 km
Services	deux chalets, avec casse-croûte
À louer	patins, chambres à air, raquettes, skis de fond
Site	Parc du Mont-Royal
	Maison Smith
	1260, chemin Remembrance
	Montréal
Tél.	(514) 843-8240
Internet	www.lemontroyal,qc.ca
Autre info	JASS : (514) 388-8727,
	http://www.norja.net/jass

Excursions *en plein air*

Le parc Maisonneuve, petit voisin du Stade

Rue Sherbrooke, en face du Stade olympique, aucune pancarte n'indique clairement la direction du parc Maisonneuve. Pour se retrouver, il est plus facile de suivre les indications relatives à l'Insectarium, situé juste à côté.

Le petit parc de la Ville de Montréal n'est peut-être pas une attraction à caractère international, mais le site mériterait une meilleure signalisation car, comme halte, il est fort agréable.

Impressions

Je me suis d'abord arrêté au chalet d'accueil. Des gens prenaient une bouchée, confortablement assis à une table à pique-nique, personnes seules, groupes d'amis ou familles.

Comme les conditions de ski de fond n'étaient pas idéales, je me suis baladé en raquettes. J'ai d'abord longé une lisière de conifères, près de la patinoire, en prenant soin de ne pas piétiner les sentiers de ski.

Derrière le chalet, le point de vue surprend. Le Stade olympique apparaît plus gros que n'importe où ailleurs. L'illusion d'optique est telle qu'on le dirait juste au bout de la patinoire.

Espaces

Et parlant d'illusion agréable, en regardant vers le nord, on a vraiment l'impression de vastes espaces : plaines et vallons, coiffés ici et là d'îlots boisés. Quand le vent souffle, on n'entend même plus le bruit des autos.

Pendant un moment, deux écureuils gris m'ont suivi. Visiblement affamés, ils ont failli grimper sur mes raquettes.

Sentiers

Le circuit de ski de fond fait 11 km : pas mal pour un parc urbain. En fait, c'est encore plus car la piste bleue rejoint les pistes du Jardin botanique, pour un total de 17 km.

Au parc, les adeptes du pas de patin ont la piste verte (3 km) pour eux seuls.

Avis aux intéressés : quand il y a une bonne bordée de neige, les sentiers sont tracés en priorité au parc Maisonneuve et au parc du Mont-Royal, assure-t-on à la Ville de Montréal. Tiens donc.

BON À SAVOIR

Accès en auto	rue Sherbrooke, à l'est du boul. Pie-IX
Accès en métro	station Pie-IX
Stationnement	5 $ (ou gratuit dans les rues voisines)
Sentiers de ski	11 km (17 km, incluant le Jardin botanique)
Services	chalet d'accueil, casse-croûte
Site	Parc Maisonneuve
	4601, rue Sherbrooke Est
	Montréal
Tél.	(514) 872-5559 (chalet d'accueil)
	(514) 872-6555 (administration)

Parc d'Oka :
70 km de pistes !

Si la neige met là plus de temps que dans les Laurentides pour couvrir les sentiers de ski de fond, notre attente se voit récompensée. Grâce à un réseau de 70 km, les familles tout comme les mordus du pas de patin y trouvent leur compte.

Familles ou experts

Pour une balade tranquille, sans pentes surprise, la piste La Crête (10 km) est tout indiquée. Le parcours, aménagé pour le pas de patin comme pour le pas classique, sillonne la forêt puis passe au bord du lac des Deux-Montagnes. Un relais chauffé permet une petite pause.

Une excursion à travers plaine et forêt attend les skieurs aguerris sur le sentier La Grande Baie (14 km), classé difficile et très difficile, selon le secteur. Un relais permet une halte.

Le plus grand défi, c'est au sentier La colline (11 km) qu'on le trouve, ponctué de pentes et de descentes abruptes. Pour experts seulement.

Du pas de patin

Avis aux adeptes du pas de patin : 30 km de pistes s'y étalent juste pour vous. Le parcours La chênaie (14 km), modifié récemment, offre des montées et des descentes idéales pour l'entraînement. Le sentier permet également l'accès au lac de la Sauvagine.

Entretien rigoureux

En cas de verglas la veille, la journée de ski n'est pas nécessairement à l'eau. Avec la chenillette d'entretien, on broie la croûte glacée pour la transformer en neige skiable. Au parc d'Oka, on ne laisse rien au hasard.

Marche et raquette au camping

Dans la pinède du parc d'Oka, le calme et le silence règnent. Difficile de croire qu'ici même, l'été dernier, des milliers de personnes passaient pour se rendre à la plage.

Encore beaucoup de gens ne savent pas qu'on peut marcher au camping, et ce, tout l'hiver. Dans le secteur Le Refuge, le sentier de six boucles, balisé à même le chemin en forme de marguerite, est entretenu sur la moitié de son parcours.

Sentier spécial

Même quand il y a beaucoup de neige, on n'a pas besoin de raquettes. La neige est bien tapée avec une chenillette. Des bottes à semelles non glissantes sont alors appropriées.

Le sentier, qui fait 5 km, débute juste à droite du centre communautaire, près du stationnement. La partie non entretenue est réservée à la raquette.

BON À SAVOIR	
Accès en auto	autoroute 13 ou 15, puis la 640 Ouest
Frais d'entrée	ski : 7,50 $/ adulte, 3,75 $/ enfant (6 à 13 ans), gratuit (5 ans et moins)
	marche et raquette : 2,25 $/ adulte, 1,25 $/ enfant (6 à 13 ans), gratuit (5 ans et moins)
Sentiers de raquette et de marche	5 km
Sentiers de ski	70 km (dont 30 km pour le pas de patin)
Services (saison de ski)	casse-croûte, boutique
À louer	skis (pas classique et pas de patin), traîneaux pour les enfants des skieurs, raquettes (traditionnelles et de montagne)
Site	Parc provincial d'Oka 2020, chemin Oka (route 344) Oka
Tél.	(450) 479-8365, 1-888-PARC-OKA
Internet	www.sepaq.com

Le parc Summit, un lieu divin

Qui l'aurait cru ? Sur toute l'île de Montréal, l'une des plus belles forêts où faire une marche se trouve juste derrière l'oratoire Saint-Joseph. Ce lieu divin a pour nom le parc Summit, à Westmount. Yes, dear !

Méconnu, ce petit boisé coiffe un sommet du mont Royal, à seulement 1 km à l'ouest du très populaire lac aux Castors.

Paix garantie

Contrairement au parc du Mont-Royal, le parc Summit n'offre ni casse-croûte ni chalet d'accueil. Par contre, ce lieu est beaucoup plus tranquille et la forêt y est mieux préservée. Il faut dire que les gens qui foulent ses sentiers résident surtout dans les alentours.

Dans l'érablière, le sous-bois est demeuré sauvage. Ici et là se dressent des chênes majestueux, plusieurs gros bouleaux aussi, ce qui est rare sur l'île de Montréal.

Sentiers

Même si les sentiers de neige battue ne sont pas signalisés, on s'y retrouve facilement car, peu importe la direction qu'on prend, on aboutit toujours, en moins de 20 minutes, sur Summit Circle, une route qui ceinture le parc.

En à peine deux heures, on a le bonheur de fouler tous les sentiers sans trop se presser.

Points de vue

Au nord, à l'extérieur de la forêt, un sentier longe Summit Circle vers l'est, à partir de l'avenue Oakland. Au bout d'une courbe, on a un très beau point de vue sur les deux autres sommets : la colline d'Outremont et la colline de la Croix.

Au sud, un grand belvédère procure un remarquable coup d'œil sur la ville. La vue porte loin : du mont Saint-Hilaire, à gauche, jusqu'aux Adirondacks, à droite. Ça change du belvédère de la voie Camillien-Houde et c'est beaucoup moins achalandé.

Avec ou sans chien

Au parc Summit, tout le monde ou presque promène son chien. Petit détail : un permis de la Ville de Westmount est requis pour qui veut y amener Fido et il coûte 100 $ pour un non-résident. Par contre, sans toutou, aller au parc Summit est un plaisir gratuit.

LA COLLINE DE WESTMOUNT

Le mont Royal, c'est également la colline de Westmount (201 m), le plus petit de ses trois sommets. Le parc Summit se trouve justement là.

Le mont Royal comprend, en plus, la colline d'Outremont (211 m), où se dresse l'Université de Montréal. Le sommet principal demeure la colline de la Croix (233 m), dans le parc du Mont-Royal, sur le territoire de la Ville de Montréal.

Forêt en ville

Revenons à la colline de Westmount. Afin de la protéger du déboisement, il fallait créer un parc, comme on l'avait fait en 1870 pour la colline de la Croix. Un premier pas a été fait lorsque Sir William McDonald a cédé une partie du sommet à l'Université McGill vers la fin du XIXe siècle.

En 1940, la Ville de Westmount achetait ce qui allait devenir le parc Summit pour moins de 350 000 $, un gros magot à l'époque mais, aujourd'hui, pour une forêt en ville, des *peanuts*!

Les rues parlent

Au sommet de la colline de Westmount, le nom des rues nous met vite dans l'ambiance. Chemin Belvédère, avenue Sunnyside, avenue Upper Bellevue...

Au parc Summit, comme son nom l'indique, vous êtes au faîte de la colline. En auto, pour vous retrouver facilement, gardez à l'esprit que la voie nommée Summit Circle fait le tour du parc.

Vous aboutirez inévitablement au belvédère, le meilleur endroit pour stationner et pour partir à la découverte de cette petite forêt cachée.

Accès en auto	chemin de la Côte-des-Neiges, puis boul. Belvédère à droite (face à la voie Camillien-Houde), chemin Summit et Summit Circle
Accès en métro	station Mont-Royal, puis autobus jusqu'au bout de la voie Camillien-Houde (continuer à pied sur moins d'un kilomètre); ou station Guy, puis autobus; ou encore station Côte-des-Neiges, puis autobus
Frais d'entrée	gratuit
Stationnement	gratuit (au belvédère et autour)
Sentiers pédestres	3 km
Site	Parc Summit Summit Circle Westmount
Tél.	(514) 989-5200 (Hôtel de ville)

Les oiseaux
de la Pointe-aux-Prairies

Le parc-nature de la Pointe-aux-Prairies ne cesse de me fasciner. Que vous y circuliez à pied, en raquettes ou en skis de fond, sur toute l'île de Montréal, c'est l'endroit où les mésanges viennent le plus facilement manger dans vos mains.

Le parc se trouve dans l'est de l'île, entre le boulevard Gouin et la rue Sherbrooke, un secteur qu'on croit à tort dépourvu de toute forme de vie sauvage.

Pavillon des Marais

Près du boulevard Gouin se dresse le Pavillon des Marais, un chalet d'accueil et point de départ idéal pour une excursion. Il suffit d'y prendre une carte (gratuite) pour se retrouver facilement sur les chemins et les sentiers.

Juste à côté, une mangeoire, généreusement remplie de graines de tournesol, accueille mésanges, sitelles et compagnie. Il est toujours agréable de s'y attarder un peu, surtout avec des jumelles.

Mésanges sociables

Autour des marais gelés s'étendent des petites prairies et des boisés clairsemés. À première vue, les lieux paraissent déserts mais, quand on passe près d'une lisière d'arbres, des mésanges apparaissent, puis s'approchent, sans méfiance.

Il suffit alors de leur tendre une main garnie de graines de tournesol. Les petits oiseaux se perchent sur nos doigts, picorent une graine, s'envolent puis reviennent aussitôt. Comment se refuser ce petit plaisir généreux ?

C'est au bout du sentier de raquette, le long d'une lisière de conifères, que j'en ai vu le plus. L'aller-retour, facile et agréable, totalise 3 km. S'il n'y a pas trop de neige, le sentier peut aussi être parcouru à pied.

Chalet Héritage

Du côté de la rue Sherbrooke, le milieu change complètement. Il y a bien quelques petites prairies, mais l'érablière domine. Pour le ski de fond, c'est le meilleur endroit dans le parc car on y est davantage à l'abri du vent.

À côté du chalet d'accueil Héritage, on a, là aussi, installé des mangeoires. J'y ai vu une plus grande variété d'espèces qu'au Pavillon des Marais, dont un cardinal rouge.

Pour ce qui est des mésanges, on en voit vraiment un peu partout. Gardez donc toujours une bonne poignée de graines de tournesol sans sel dans le fond de vos poches. Cela vous vaudra de très bons moments.

BON À SAVOIR

Accès en auto	autoroute 40, sortie 85, boul. Saint-Jean-Baptiste direction nord, puis à droite jusqu'au boul. Gouin (Pavillon des Marais); autoroute 40, sortie 87, puis rue Sherbrooke (Chalet Héritage)
Accès en métro	station Henri-Bourassa, puis autobus (Pavillon des marais); station Honoré-Beaugrand, puis autobus (Chalet Héritage)
Frais d'entrée	gratuit
Stationnement	4 $
Sentiers pédestres	3 km
Sentiers de raquette	3 km
Sentiers de ski	21 km
Services	deux chalets d'accueil
Sites	Parc-nature de la Pointe-aux-Prairies Pavillon des Marais 12 300, boul. Gouin Est Montréal
Tél.	(514) 280-6688
	Chalet Héritage 14 905, rue Sherbrooke Est Montréal
Tél.	(514) 280-6691
Internet	http://www.cum.qc.ca/parcs-nature

Sur la Presqu'île, les chiens sont bienvenus

L'accès à beaucoup de grands parcs publics, situés en forêt, est interdit aux chiens. Heureusement pour les amis des canins, il y a une solution à ce petit problème : les Sentiers de la Presqu'île, à Le Gardeur.

Il s'agit du domaine familial des Desrosiers, sœur et frère. Vous le trouverez à seulement 40 minutes de Montréal, tout juste passé Charlemagne, ville natale de Céline Dion.

En skis ou à pied

Le site a tout d'un parc public bien organisé : un chalet d'accueil et un vaste réseau de sentiers. Pour le ski de fond, les pistes s'étirent sur près de 50 km. Un sentier de 8 km est destiné aux fondeurs accompagnés de leur complice à quatre pattes.

Tout l'hiver, on entretient deux sentiers de marche si faciles d'accès que des parents y promènent leur petit en traîneau.

Donc, pas question de laisser Milou à la maison. Un sentier pédestre de 4 km lui est accessible, même sans laisse. Des frais d'entrée minimes de 1,50 $ sont exigés pour chaque chien à cause de l'entretien que nécessitent les cacas oubliés.

Accès en auto	autoroute 40 Est, sortie 97
Frais d'entrée	marche : 3,50 $/ adulte, 2 $/ enfant ;
	ski : 6,50 $/ adulte, 3 $/ enfant
Sentiers	
pédestres	6,5 km (4 km avec chien)
Sentiers de ski	48 km (8 km avec chien)
Services	chalet d'accueil
Site	Les Sentiers de la Presqu'île
	2001, rue Jean-Pierre
	Le Gardeur
Tél.	(450) 585-0121
Internet	http://pages.infinit.net/
	sentiers/bienvenu.htm

Excursions *en plein air*

La rivière
aux mille plaisirs

Derrière l'église du quartier Sainte-Rose, à Laval, règne une activité fébrile. Au parc de la Rivière-des-Mille-Îles, on patine, on marche et on skie.

On croirait assister au tournage d'une publicité sur les plaisirs d'hiver à Laval, à l'opposé de l'image désolante que l'on a depuis l'autoroute bordée de centres commerciaux et de terrains en friche.

Anneau de glace

Le cœur de la rivière aménagée, c'est l'anneau de glace. Sa boucle de 1 km se rend jusqu'à l'île Darling, boisée et sauvage. On y patine dans le même sens et au même rythme, tout en jasant.

Près du chalet d'accueil, où on chausse ses patins bien au chaud, un cercle de glace, relié à l'anneau, permet aux enfants d'apprendre à patiner avec leurs parents. Puisque la surface est grande comme trois patinoires de hockey, on a l'espace voulu pour peaufiner ses virages ou sa technique de valse à reculons.

Tant qu'il fait froid, les conditions de glace sont à leur meilleur, d'autant plus qu'une Zamboni assure l'entretien quatre fois par semaine.

Sentiers spéciaux

La rivière des Mille-Îles, dans le quartier Sainte-Rose, se distingue aussi par son réseau de sentiers de 20 km, dont la majeure partie est aménagée pour le ski de fond classique. Vers l'ouest, une piste traverse six îles en plein dans le refuge faunique, soit de l'île des Juifs à l'île Chabot.

Le circuit nous fait voir plusieurs milieux : les grands espaces sur la rivière, une érablière à caryers typique des terres cultivables du sud du Québec et une érablière argentée typique des basses terres inondables.

Vers l'est, la piste polyvalente, dont la neige est bien tapée, sert pour la marche, la trottinette des neiges, le ski de fond ou le ski de patin. On peut également s'y promener avec son chien. Malgré des activités en apparence incompatibles, la circulation n'est pas trop dense, de sorte que des familles s'y promènent à leur aise.

Tours de traîneau

Un traîneau, tiré par deux percherons, part du chalet d'accueil pour ensuite passer par l'île Darling. On se sent en pleine campagne et pourtant, on est dans le Grand Montréal, pas loin de l'autoroute des Laurentides. Jolie promenade pour seulement deux dollars (par adulte).

Un coup de fil

Téléphonez afin de vérifier les conditions de glace et de neige car, sur la rivière et sur les îles, à la suite de temps doux, l'entretien est moins facile. Il faut parfois compter quelques jours pour que tout revienne à la normale. Et ne vous privez surtout pas d'une visite, au moins une fois cet hiver.

BON À SAVOIR

Accès en auto	autoroute des Laurentides (15), sortie 16, direction est (2 km)
Accès en métro	station Henri-Bourassa, puis autobus
Frais d'entrée	3 $ (13 ans et plus), 1 $ (6 à 12 ans) Tour de traîneau à cheval : 2 $/ adulte, 1 $/ enfant
Sentiers pédestres	11 km
Sentiers de ski	22 km
Services	chalet d'accueil
À louer	patins, trottinettes des neiges
Site	Parc de la Rivière-des-Mille-Îles 13, rue Hotte Laval (quartier Sainte-Rose)
Tél.	(450) 622-1020
Internet	http://www.parc-mille-iles.qc.ca

Le long de la rivière du Nord

Pourquoi attendre l'été pour marcher en plein air et admirer le paysage? Il suffit de se rendre au Parc régional de la Rivière-du-Nord, à seulement 40 minutes de Montréal, pour voir de belles chutes et se retrouver dans le bois.

La meilleure façon de préserver la beauté d'une rivière, c'est de créer un parc tout en protégeant la forêt le long de son parcours. Voilà justement à quoi s'appliquent, toutes ensemble, les municipalités de Prévost, Bellefeuille et Lafontaine, avec la ville de Saint-Jérôme.

Superbe circuit pédestre

À Saint-Jérome, le site s'avère le plus facile d'accès. Le point de départ idéal pour une randonnée, c'est le pavillon Marie-Victorin, nommé ainsi en l'honneur du fondateur du Jardin botanique de Montréal, aussi auteur de *La Flore laurentienne*. Pour cet ouvrage, le regretté frère Marie-Victorin a d'ailleurs fait une bonne partie de ses recherches dans le parc.

Le pavillon en question, un pittoresque chalet en bois rond où il fait bon casser la croûte et faire une pause pipi, se trouve à deux pas du stationnement. Avant de partir, ne manquez pas de consulter la carte des sentiers, sur un grand panneau : les bleus pour le ski de fond et les jaunes pour la marche. Vous ne pouvez pas vous tromper.

Agréable randonnée

Nul besoin d'être un as de la randonnée pédestre. Ici, tout le monde emprunte les sentiers : des familles, des couples, des retraités. Et ça se comprend.

Il ne faut que 20 minutes de marche pour aller admirer les chutes Wilson, à partir d'un pont enjambant la rivière du Nord. Le givre et les glaçons qui se forment sur les roches léchées par les remous sont une invitation irrésistible à faire des photos. Tout près se dressent les ruines d'une ancienne pulperie, fermée il y a 40 ans déjà.

En poursuivant votre marche durant 20 minutes encore, de l'autre côté du pont, vous atteindrez un refuge authentique en bois rond, abrité par d'énormes pins centenaires. L'endroit parfait pour une halte. Faites griller vos sandwichs sur le rond du poêle. C'est curieux, même le pain brûlé est bon en plein air...

Arbres variés

Chemin faisant, remarquez la grande variété de conifères : du sapin baumier, du thuya occidental (cèdre) et même de l'épinette noire, normalement abondante dans les milieux plus nordiques. Phénomène rare, on retrouve sur le même site du pin blanc, du pin rouge et du pin gris.

Soyez attentif. Le long des sentiers, vous verrez de petites pancartes expliquant les secrets de la forêt. C'est une agréable leçon de sciences naturelles.

EXPLORATION EN SKIS

Sur la rive ouest de la rivière, près du pont, les skieurs de fond ont accès à un petit belvédère. On y voit mieux les chutes, et de plus près.

Prucheraie

À quelques minutes de là, en longeant la rivière vers l'ancien barrage hydroélectrique, on pénètre dans une magnifique prucheraie. Comme c'est souvent le cas, elle se trouve sur une pente exposée au nord.

Ça ressemble à quoi, une pruche ? Eh bien, on la reconnaît à ses petits cônes bruns ainsi qu'à ses aiguilles, vert foncé sur le dessus et marquées de deux lignes blanches en dessous.

P'tit train du Nord

Le réseau de pistes de skis, du côté de Saint-Jérôme et de Lafontaine, s'étire sur une vingtaine de kilomètres. Plusieurs d'entre elles longent les sentiers pédestres. Le réseau vous permet aussi de vous rendre au petit refuge dont je vous ai parlé tantôt.

Si jamais vous vous sentez l'âme d'un explorateur comme Bernard Voyer, libre à vous de continuer sur le parc linéaire, l'ancienne voie du P'tit train du Nord. On y file à vive allure sans s'en rendre compte. Alors, prenez garde de ne pas vous aventurer trop loin car il faut bien revenir !

Accès en auto	autoroute 15, sortie 45
Frais d'entrée	5 $ par auto
Sentiers pédestres	32 km
Sentiers de ski	27 km
Services	chalet d'accueil
Site	Parc régional de la Rivière-du-Nord
	1051, boul. International
	Saint-Jérôme
Tél.	(450) 431-1676

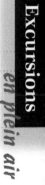

Coups de patin sur la rivière L'Assomption

Pour patiner, aucun endroit n'égale la rivière L'Assomption. À partir de Joliette s'étire un boulevard de glace sur près de 5 km, la plus longue patinoire sur rivière au Québec.

À seulement 45 minutes de Montréal, le fameux boulevard débute au *Château Joliette*. Après avoir garé ma voiture derrière l'hôtel et chaussé mes patins, je me suis élancé sur la rivière.

Parcours

Le boulevard de glace se divise en deux voies, permettant une circulation fluide dans les deux sens. Entre elles, un sentier pour les piétons. Des bancs sont disposés ici et là le long du parcours.

Dans un petit kiosque, à côté du premier pont, on vendait des beignes, 2 $ la douzaine de 13. J'ai d'abord voulu y aller, puis la file d'attente m'en a dissuadé.

Passé le troisième pont, à Saint-Charles-Borromée, musique et mascotte incitaient les patineurs à faire une halte chez *Henri* : ce casse-croûte est un relais incontournable.

Pratico-pratique

Le parcours se fait en une heure trente aller-retour, si on n'arrête pas en chemin.

Pour aller sur la rivière, on compte six accès principaux, dont le plus pratique est le parc Louis-Querbes, *via* la rue Saint-Charles-Borromée, à Joliette. Un abri permet d'y chausser ses patins ou de se réchauffer.

UNE IDÉE FARFELUE...

Il y a 20 ans débutait l'aménagement, sur la rivière L'Assomption, d'un long boulevard de glace traversant Joliette, Saint-Charles-Borromée et Notre-Dame-des-Prairies.

Les sceptiques trouvaient l'idée plutôt farfelue... Les trois localités n'en sont pas moins allées de l'avant. Les patineurs ont suivi... et les sceptiques ont été confondus !

Beaucoup de monde

Jusqu'à présent, des milliers d'individus en ont profité. Des gens de la région et de plus en plus de touristes.

Le 5 février 1989, plus de 20 000 personnes s'étaient retrouvées sur la rivière à l'occasion du Grand défi canadien de patin. Joliette avait alors été nommée nouvelle capitale du patin sur glace.

La CARA

Depuis 1990, la Corporation de l'aménagement de la rivière L'Assomption (CARA) agit comme maître d'œuvre de l'aménagement et de l'entretien. Elle organise aussi le Festi-Glace, lequel se déroule fin janvier, début février.

Après cette fête, la rivière n'est pas pour autant laissée à elle-même. En après-midi, on continue de nettoyer la surface avec un balai mécanique accroché derrière une camionnette.

Deux nuits par semaine, on arrose à l'aide d'un gros réservoir, lui aussi tiré par une camionnette. Plus artisanal qu'une Zamboni, le procédé donne quand même de très bons résultats.

BON À SAVOIR

Accès en auto	autoroute 40 Est, route 31 Nord
Frais d'entrée	gratuit
Patinoire	9 km (aller-retour)
Services	casse-croûte, relais chauffés
Info	Tourisme Lanaudière
	1-800-363-2788 (conditions de glace)
	Office du tourisme de Joliette,
	Joliette
Tél.	(450) 759-5013, 1-800-363-1775

Excursions en plein air (side tab)

Fascinantes Montérégiennes

Entre les Laurentides et les Appalaches, dans la plaine du Saint-Laurent, se dressent une dizaine de petites montagnes familières. On les connaît toutes ou presque, mais rarement réalise-t-on qu'il s'agit d'un même groupe : les collines Montérégiennes.

Elles sont surtout situées dans la région qui reprend leur nom, la Montérégie. Mentionnons le mont Saint-Bruno, le mont Saint-Hilaire ou le mont Saint-Grégoire. Soit dit en passant, le mont Royal est aussi une Montérégienne car il se forma en même temps et de la même façon.

« De petites montagnes bien ordinaires », pensez-vous ? Loin de là, car la formation de ces collines relève d'un phénomène unique au Canada.

Origines

Il y a 125 millions d'années, les Montérégiennes sont nées d'une poussée de magma (roche en fusion) remontant du centre de la Terre jusqu'à l'écorce terrestre. Autour de cette masse devenue très dure, les glaciers, en se déplaçant, ont raboté la couche de roches sédimentaires plus friables, formée de dépôts alors que la mer recouvrait la région.

Par la suite, à force de gel et de dégel, un peu comme sur nos routes le printemps, ces roches ont continué à s'éroder. Les mouvements et basculements de la croûte terrestre ont aussi eu leur effet. Bref, 100 millions d'années plus tard, la colline est devenue apparente.

Le mont Royal, ancien volcan?

La poussée de magma à l'origine des Montérégiennes a souvent été mal interprétée. On a souvent dit que le mont Royal est un ancien volcan. C'est faux, car il n'y a pas eu éruption. Pour cela, il aurait fallu qu'un orifice perce sa surface, ce qui n'est pas le cas.

Le magma durci, nommé *grabbo* et qui forme le cœur de la montagne, est visible, entre autres, le long du chemin autour de la croix. Il s'agit d'une roche foncée trouée à la surface.

Destinations éclair

Les Montérégiennes ne sont peut-être pas bien hautes, mais plusieurs d'entre elles sont devenues des destinations courues, car bien organisées et pas loin de la ville. Pensons au mont Saint-Bruno pour le ski de fond, au mont Saint-Hilaire pour la randonnée pédestre ou au mont Saint-Grégoire pour les cabanes à sucre.

À défaut d'être connues sous le nom de Montérégiennes, chacune de ces montagnes jouit de sa propre popularité et de son propre charme.

BON À SAVOIR

Parc du Mont-Royal
(514) 843-8240

Centre de la nature du Mont-Saint-Hilaire
(450) 467-1755

Parc du Mont-Saint-Bruno
(450) 653-7544
www.sepaq.com

Glisser sur la butte

Pour faire plaisir aux tout-petits ou pour retomber soi-même en enfance, rien de tel que de glisser. Ça ne coûte rien, ou presque, et on n'a pas besoin d'aller loin.

Dans plusieurs parcs, à Montréal et aux alentours, de modestes buttes de quelques mètres valent qu'on s'y rende car bon entretien et sécurité y sont garantis.

Lac aux Castors

Au mont Royal, une partie de la pente du lac aux Castors est aménagée en cinq corridors, spécialement pour de folles descentes en chambre à air. Le plaisir s'étire jusqu'en début de soirée, le samedi, sous le scintillement des lumières.

Chambres à air à louer : 7 $ par jour pour les 13 ans et plus et moitié prix pour les 6 à 12 ans. Sur l'autre partie de la pente, on glisse librement en tapis magique, en traîneau ou en toboggan.

Nord et sud

Au parc-nature de la Pointe-aux-Prairies, *via* la rue Sherbrooke Est dans l'est de l'île de Montréal, la butte s'anime sous la surveillance de patrouilleurs.

Au Centre de la nature de Laval, près de la route 25, il y a trois glissades situées côte à côte, dont une butte pour les tout-petits. On vous loue des chambres à air (2 $ l'heure).

Plus au nord, à Mirabel, le parc du Domaine vert nous accueille sur sa butte aménagée en deux corridors. On loue des tapis magiques pour à peine plus d'un dollar.

Au parc régional de Longueuil, on a l'occasion d'essayer un tricycle à neige familièrement appelé «trois skis». À louer : 6 $ pour 3 h. Décidément, les fous de la glissade ont l'embarras du choix.

BON À SAVOIR

Parc du Mont-Royal
(514) 843-8240

Parc-nature de la Pointe-aux-Prairies
Montréal
(514) 280-6691

Centre de la nature de Laval
(450) 662-4942

Parc du Domaine vert
Mirabel
(450) 435-6510

Parc régional de Longueuil
(450) 468-7619

Promenades romantiques

Avis aux amoureux ou à ceux qui souhaitent le devenir : la séduction, ça ne se passe pas seulement au resto, en tête-à-tête. Pourquoi pas une promenade romantique sous les arbres ?

Pour s'embrasser en retrait des curieux, ou tout simplement pour le plaisir de marcher main dans la main, certains endroits sont plus propices que d'autres. L'idée étant de frissonner et non de grelotter, laissez vos coquettes bottes de ville sur le paillasson de la maison et habillez-vous chaudement.

Montagne et belvédère

Quel plaisir d'aller à pied sur le chemin Olmsted. Attardez-vous d'abord un peu à la Maison Smith, près du stationnement, pour y goûter l'exposition sur la nature et l'histoire de la montagne. Ensemble, vous y ferez d'agréables découvertes.

Filez ensuite vers l'est, jusqu'au belvédère. Le point de vue embrasse la ville, mais aussi le fleuve et les Montérégiennes. Le panorama et le grand chalet tout en pierres, derrière, font de ces lieux une halte des plus romantiques.

Pour vous retirer, prenez l'escalier qui mène au sentier de l'Escarpement et descendez 69 marches, le palier le plus érotique... Dans son livre *Où se bécoter à Montréal*, Thierry Soufflard y suggère une pause-baiser, évoquée par l'inscription « *Stop kiss* »...

Je propose plutôt de continuer jusqu'au chemin à flanc de montagne, moins fréquenté que l'escalier...

Jardin d'hiver

L'hiver, au Jardin botanique, le bonheur réside dans l'arboretum. Le chemin déblayé traverse cet îlot de milliers d'arbres et d'arbustes issus de diverses régions du monde. Les oiseaux ajoutent de la gaieté, attirés par les mangeoires ou par les pommetiers décoratifs. Enchanteur!

Après avoir déclaré votre amour sous un sapin de Douglas, entrez vous réchauffer un peu à la Maison de l'Arbre, près du boulevard Rosemont, où une exposition révèle tout ou presque sur la vie discrète des arbres.

La marguerite

Au camping d'Oka, allez effeuiller la marguerite, ce sentier de six boucles qui forme ladite fleur. Sur la moitié du parcours, la neige est bien battue. On marche sous des pins enneigés. Sainte paix assurée.

Parcours tranquille, intime même, et sécuritaire. Tout près, les cœurs chauds aux pieds gelés peuvent se réfugier au chalet d'accueil. Très agréable.

BON À SAVOIR

Parc du Mont-Royal
(514) 843-8240

Jardin botanique
(514) 872-1400,
www.ville.montreal.qc.ca/jardin

Parc d'Oka
(450) 479-8365
1-888-PARC-OKA
www.sepaq.com

Tours de carriole, avec ou sans neige...

Tout le monde rêve, au moins une fois par hiver, d'une balade en carriole tirée par des chevaux, au son des grelots. Ça fait un peu cliché, du genre chemises à carreaux et raquettes de babiche. Mais pourquoi pas?

Comme les chemins sont mieux déblayés qu'autrefois et que la neige n'est pas toujours au rendez-vous, des roues sont parfois plus utiles que des patins de traîneau. Que n'inventerait-on pas pour être certain de partir. Allez, hop! En voiture!

Domaine Magaline

Après avoir pris un petit verre au *saloon*, on embarque à 20 dans un traîneau, pour une balade d'une heure. Au Domaine Magaline, à Saint-Augustin de Mirabel, le circuit, à même les pistes du Club équestre de Mirabel, passe par une érablière, par un pont couvert et par des champs agricoles.

S'il n'y a pas assez de neige, les deux petits chevaux canadiens seront alors attelés à un chariot western, comme dans les films de cow-boys!

Tarifs: 10 $ par personne (groupe de 10 personnes minimum). Réservations nécessaires. Repas de cabane à sucre tout l'hiver.

Rivière des Mille-Îles

Derrière l'église du pittoresque quartier Sainte-Rose, à Laval, des tours de traîneau sont offerts tous les week-ends au parc de la Rivière-des-Mille-Îles. Ils mènent jusqu'à 20 personnes dans la forêt de l'île Darling.

La balade dure 15 minutes. Petit tour, petit prix : 2 $ par adulte, 1 $ par enfant. Tant qu'à être là, aussi bien en profiter pour patiner sur la rivière, pour skier d'une île à l'autre ou pour glisser, avec les tout-petits, pas loin du chalet d'accueil.

Cap Saint-Jacques

Dans l'ouest de l'île de Montréal, au parc-nature du Cap-Saint-Jacques, c'est en charrette sur roues qu'on se promène, à partir de la ferme écologique. La plus petite prend 15 personnes à son bord et la plus grande, 40. Neige ou pas, on circule sur le chemin jusqu'à la cabane à sucre.

La promenade, de 20 minutes, commande là aussi des tarifs raisonnables : 3 $ (12 ans et plus), 2 $ (3 à 11 ans). La visite de la ferme, avec ses animaux, ne coûte rien. La glissade sur la butte non plus.

Bon à savoir

Domaine Magaline
Saint-Augustin de Mirabel
(450) 258-4132

Parc de la Rivière-des-Mille-Îles
Laval
(450) 622-1020
www.parc-mille-iles.qc.ca

Parc-nature du Cap-Saint-Jacques
ferme écologique
Pierrefonds
(514) 280-6743
www.cum.qc.ca/parcs-nature

Les trois meilleures patinoires

Chaque hiver, vous vous demandez où aller patiner. Ne cherchez plus. Voici, à mon humble avis, les meilleures patinoires extérieures et pourquoi elles le sont.

La plus hâtive

Au Vieux-Port, la patinoire réfrigérée en face du Pavillon Bonsecours est ouverte dès le premier week-end de décembre. La surface, faisant une fois et demie la patinoire du Centre Molson, s'agrandit d'un demi-kilomètre dès que la glace prend dans le bassin, plus à l'est.

Éclairage en soirée. Casse-croûte. Patins à louer. Frais d'entrée : 2 $.

La plus inusitée

Au Centre de la nature de Laval, à l'ouest de l'autoroute 25, se trouve une patinoire de 500 m de contour au cœur même d'une ancienne carrière. Sur le côté ouest, une falaise coiffée de majestueuses épinettes de Norvège permet de patiner à l'abri du vent.

Ouvert le soir. Casse-croûte. Location de patins (le jour). L'entrée est de 3 $ par auto.

La plus longue

À partir de Joliette, sur la rivière L'Assomption, s'étire une boulevard de glace à deux voies sur près de 5 km. Parcourir cette plus longue patinoire sur rivière au Québec prend une heure et demie, aller-retour. Si on ne s'arrête pas en cours de route, bien sûr.

Bancs, abris et casse-croûte permettent une halte. Très fréquentée, la patinoire est l'une des attractions-vedettes de Lanaudière. Et puis, l'entrée est gratuite.

Que les grands froids arrivent. On ira se réchauffer sur la glace.

BON À SAVOIR

Vieux-Port
(514) 496-PORT
1-800-971-PORT

Centre de la nature de Laval
(450) 662-4942

Tourisme Lanaudière
1-800-363-2788

Safari sur l'île de Montréal

Si j'étais cinéaste de la faune, ce n'est pas dans le Grand Nord que j'irais, mais sur l'île de Montréal! Aussi incroyable que cela puisse paraître, aucune autre région du Québec n'offre une aussi grande variété d'animaux, aussi faciles à observer. Les amis, apportez jumelle et caméra, on part!

Comparée à la toundra, l'île de Montréal, d'une superficie de 50 km sur 15 km, est un bien petit territoire. Autour du centre-ville et des quartiers résidentiels d'une trentaine de municipalités, il y a pourtant une vie sauvage étonnante dans les petites forêts, les champs et les cours d'eau.

Canards d'hiver

Comme l'île se trouve en plein corridor migratoire, plusieurs oiseaux aquatiques s'arrêtent au printemps, dans les marais ou sur les berges, pour se reproduire, puis repartent vers le Sud à l'automne. Dans la région de Montréal, il se passe un drôle de phénomène : beaucoup de canards ne migrent plus et restent tout l'hiver dans les eaux libres de glace.

C'est le cas aux rapides de Lachine, à LaSalle, en plein quartier résidentiel. Des canards persistent aussi à barboter dans les eaux au pied du barrage, au parc-nature de l'Île-de-la-Visitation, juste à l'est du pont Papineau-Leblanc.

Mésanges et compagnie

L'hiver, une bonne trentaine d'espèces d'oiseaux terrestres sont régulièrement observés. Pour être certain d'en voir, empruntez un sentier bordé d'une série de mangeoires. Roselins, sizerins ou mésanges s'y regroupent.

Mon endroit préféré est le Jardin botanique. C'est là qu'on aperçoit le plus d'oiseaux et aussi le plus d'espèces.

Au parc-nature de la Pointe-aux-Prairies, dans l'est, plusieurs mangeoires ornent les abords des chalets d'accueil. À ma connaissance, c'est le seul endroit de l'île où les mésanges viennent se percher sur nos doigts quand on leur offre des graines de tournesol.

Surprises

Au fil de mes escapades, il m'est aussi arrivé de rencontrer un renard, un grand duc et même un faucon pèlerin... Bien sûr, il s'agissait là de cas exceptionnels, mais ils illustrent la diversité réelle des surprises possibles.

Même sur l'île de Montréal, un safari n'a rien d'une visite au jardin zoologique. L'entreprise compte toujours une part d'imprévu, mais c'est très bien ainsi. Plus souvent on explore, meilleures sont nos chances de faire de nouvelles découvertes.

BON À SAVOIR

Parcs-nature
Montréal
(514) 280-PARC,
http://www.cum.qc.ca/parcs-nature

Jardin botanique
(514) 872-1400,
http://www.ville.montreal.qc.ca/jardin

Pôle des Rapides
LaSalle
(514) 732-7303 (sur semaine)

Où aller avec son chien?

L'accès à plusieurs sites naturels publics est refusé aux chiens pour des raisons de propreté, ou encore dans un souci de préserver la quiétude des animaux sauvages et des visiteurs. Dans certains autres parcs, on voit les choses autrement.

Examinons la situation dans la région métropolitaine et ses environs.

Lieux interdits

Dans les parcs du Québec, comme à Oka ou au mont Saint-Bruno, les chiens ne sont pas acceptés. Pourquoi ne pas admettre les chiens en laisse et demander à leurs maîtres d'en ramasser les excréments? Il semble bien qu'on ne veuille prendre aucun risque, au cas où la réglementation ne serait pas respectée, dans les parcs de la Ville de Laval, au parc régional de Longueuil, au mont Saint-Hilaire et au parc du Domaine vert (Mirabel).

Lieux permis

Dans les parcs-nature, tous les cinq situés au nord de l'île de Montréal, les chiens sont admis si tenus en laisse (2 m et moins). Une autre condition: rester sur les sentiers pédestres (plusieurs sont déblayés l'hiver).

Avec son chien en laisse, on peut également se balader au parc de la Rivière-des-Mille-Îles, à Laval, sur le sentier polyvalent (à même la rivière). C'est aussi possible au parc des Îles et au parc du Mont-Royal, à Montréal.

Lieu unique

À ma connaissance, le seul espace vert près de Montréal où les chiens se promènent librement avec leur maître, c'est aux Sentiers de la Presqu'île, à Le Gardeur, passé Charlemagne. Au domaine de la famille Desrosiers, on a assigné cette vocation à un sentier pédestre hivernal (4 km) et à un sentier de ski de fond (7,5 km).

On garde son chien en laisse jusqu'au départ du sentier, puis on peut le détacher. Des poubelles ont été installées pour faciliter le ramassage des excréments. Difficile de demander mieux, d'autant plus que la forêt est tout simplement magnifique.

BON À SAVOIR

Parcs-nature
Montréal
(514) 280-PARC

Parc des Îles
Montréal
(514) 872-ILES

Parc du Mont-Royal
Montréal
(514) 843-8240

Parc de la Rivière-des-Mille-Îles
Laval
(450) 622-1020

Sentiers de la Presqu'île
Le Gardeur
(450) 585-0121

Excursions
sans bottes ni manteau

L'Aquadôme,
oasis de LaSalle

Pourquoi attendre l'été prochain pour jouer dans l'eau? À l'Aquadôme municipal de LaSalle, un centre aquatique familial, tout le monde s'amuse sans se soucier du froid à l'extérieur.

Des verrières en forme de vagues laissent entrer une lumière abondante. Dans le bassin récréatif, la température de l'eau est contrôlée à 34°C. Toutes les conditions sont réunies pour créer une petite oasis au cœur de l'hiver.

Bassin et jeux

Comme le bassin récréatif fait à peine plus de 1 m dans sa partie la plus profonde, parents et enfants ont le bonheur de patauger ensemble. Une pente douce comme une plage permet aux tout-petits d'avancer en toute sécurité dans l'eau.

Garçons et filles ont un plaisir fou à se réfugier sous la fontaine en champignon et à s'attarder un peu sous la minichute. Juste à côté, deux tunnels servent de glissade.

Pour les enfants un peu plus grands et les adultes, la glissade en forme de 8 procure de vives sensations sur 45 m de long. Ça semble petit, comparé aux glissades d'eau extérieures, mais j'ai trouvé qu'on descendait pas mal vite. Attachez bien votre maillot!

Dans le coin des jets thérapeutiques, parents et aînés s'assoient pour relaxer. Comme des flotteurs amusants sont à notre disposition un peu partout, je me suis fabriqué un fauteuil flottant, avec deux grands bâtons sous les bras et un poisson en guise de pouf. Le confort total!

Superpiscine

L'Aquadôme abrite une piscine de 50 m de long. Un pont hydraulique permet de la séparer en deux parties égales. La section peu profonde (1,2 à 1,3 m) peut être divisée en six corridors pour la nage en longueur. Elle sert aussi aux cours de natation et d'aquaforme.

Dans la section plus profonde (1,3 à 3,4 m), on donne des cours de plongée sous-marine. Dans cette piscine-là, la température de l'eau est maintenue à 32°C.

Agréable

De petits détails ajoutent aux plaisirs aquatiques. Tout d'abord, l'eau ne sent pas beaucoup le chlore. La réutilisation de l'humidité ambiante par une thermopompe y serait pour quelque chose. Des vestiaires, vastes et propres, sont réservés aux hommes, aux femmes ou aux familles. Bref, le lieu est agréable et bien organisé.

BON À SAVOIR

Accès en auto	autoroute 15, direction pont Champlain, boul. de La Vérendrye, puis rue Lapierre
Accès en métro	station Angrignon, puis autobus
Frais d'entrée	(non-résident): 3 $/ adulte, 2 $/ enfant (4 à 16 ans), 1 $ (3 ans et moins)
Services	casse-croûte santé
Site	Aquadôme
	1411, rue Lapierre
	LaSalle
Tél.	(514) 367-6460

Excursions *sans bottes ni manteau*

L'Atrium :
patiner en t-shirt

Situé entre le Centre Molson et la Place Bonaventure, l'Atrium Le 1000 de la Gauchetière offre un plaisir qui sort de l'ordinaire : faire du patin sur glace en t-shirt même quand il fait -20°C !

Je n'y étais pas retourné depuis des années. Ma foi, le jour de ma dernière visite, l'ambiance y était toujours aussi agréable.

Bonheurs de glace

Des couples patinaient, main dans la main. Une petite fille enjouée, coiffée d'un casque protecteur, traînait presque son père dans son élan d'enthousiasme. Un gars, solidement appuyé sur un support d'apprentissage, faisait ses premiers pas.

Certains découvrent le patin et même la glace, touristes ou nouveaux arrivants issus de contrées ignorant les atours du froid.

L'Atrium, auparavant nommé l'Amphithéâtre Bell, a aussi ses habitués. Des filles surtout, De vraies ballerines !

Une attraction

La patinoire n'est pas très grande, presque deux fois moins qu'une patinoire de hockey, mais elle est bien entretenue à la resurfaceuse et elle donne sous un puits de lumière.

L'Atrium se trouve au rez-de-chaussée du 1000, de la Gauchetière, un édifice ultramoderne qui est lui-même une attraction. C'est la tour à bureaux la plus haute du centre-ville (205 m, 46 étages).

sans bottes ni manteau

Excursions

Pour tous

Les samedis matin sont souvent destinés aux enfants (12 ans et moins). Informez-vous. Par contre, les vendredis et samedis soir, on patine au rythme d'une musique endiablée sous des éclairages multicolores.

BON À SAVOIR

Accès en auto	*via* la rue Peel
Accès en métro	station Bonaventure
Frais d'entrée	5 $/ adulte, 3 $/ enfant (moins de 16 ans)
Stationnement	5 $ (intérieur)
Services	affûtage de patins, prêt de supports d'apprentissage, comptoirs-lunch
À louer	casiers, patins, casques protecteurs
Site	L'Atrium
	1000, rue de la Gauchetière Ouest
Tél.	(514) 395-0555
Internet	www.le1000.com

Excursions *sans bottes ni manteau*

La basilique Notre-Dame, joyau du Vieux-Montréal

On l'a souvent vue à la télé. La basilique Notre-Dame de Montréal est le haut lieu traditionnel des mariages ou des funérailles de personnalités publiques. Elle peut accueillir 3 500 personnes et compte 2 balcons.

La basilique, c'est aussi une attraction touristique hors du commun. Chaque année, 800 000 visiteurs franchissent ses portes, la plupart touristes. Curieusement, les Montréalais y vont peu, sinon pour assister à des événements protocolaires.

Plus qu'une église

En 1982, l'église a été nommée basilique par le Vatican afin d'honorer son histoire, son architecture et sa valeur artistique.

Pendant plus de 150 ans, ce fut l'église principale de la première paroisse de Montréal. Au rez-de-chaussée, 11 vitraux rappellent des faits marquants tels l'arrivée de Jacques Cartier à Hochelaga, ou encore Maisonneuve transportant une croix vers le mont Royal.

Quand l'église a été construite en 1829 (pour remplacer une plus petite), elle était la première d'architecture néogothique (inspirée du Moyen Âge) au Canada. De remarquables arcs en forme d'ogive s'élèvent, entre les colonnes, jusqu'au plafond. L'église a aussi été la plus grande en Amérique du Nord jusqu'à la construction de la St. Patrick Church à New York, en 1879.

Décor sublime

Contrairement aux cathédrales européennes construites en pierre, l'intérieur de la basilique est en bois, ce qui a permis de créer un décor sublime. La chaire est finement sculptée. Les murs et les plafonds peints sont rehaussés d'étoiles ou d'autres motifs taillés dans des feuilles d'or.

Au-dessus du maître-autel, des statues, pour la plupart en bois, illustrent différentes scènes de l'Eucharistie. Imaginez, il a fallu plus de 20 ans (1870-1891) pour compléter l'essentiel des travaux.

Chapelles

Derrière l'autel, un corridor mène à la chapelle du Sacré-Cœur, un lieu de recueillement plus sobre mais aussi plus intime. L'été, on y célèbre beaucoup de mariages.

Dans l'église et la chapelle, les visiteurs parlent, comme en n'importe quel lieu touristique. Pour les gens qui veulent se recueillir ou prier, on a donc aménagé, en 1998, la chapelle du Saint-Sacrement, un petit coin isolé par des portes vitrées, près de l'entrée. Lors de mon passage, seulement quelques personnes s'y étaient arrêtées...

BON À SAVOIR

Accès en auto	*via* la rue Saint-Urbain ou *via* la rue Notre-Dame (au coin de la rue Saint-Sulpice)
Accès en métro	station Place-d'Armes
Frais d'entrée	2 $ (avec ou sans guide)
Site	Basilique Notre-Dame 110, rue Notre-Dame Ouest Montréal
Tél.	(514) 842-2925
Courriel	basndm@globetrotter.net

Excursions

sans bottes ni manteau

Le Biodôme :
un safari concentré

J'ai toujours cru qu'il vaut mieux voir les animaux dans leur habitat, mais il faudrait des mois et beaucoup d'argent pour explorer les milieux sauvages des deux Amériques. Le Biodôme en offre un concentré accessible à tous.

Il ne s'agit peut-être pas de véritables écosystèmes comme on tente un peu de nous le faire croire. La faune a besoin de beaucoup plus d'espace. Mais le visiteur voit sans cesse des animaux dans un milieu assez semblable au vrai.

Jungle

Dans la forêt tropicale, on a même recréé les conditions climatiques. Un brouillard dense flotte. Il fait autour de 24 °C. Taux d'humidité : de 70 % à 80 %. Comme au Costa Rica !

Des oiseaux chantent. Dans la jungle reconstituée, de petits singes grimpent aux branches et font des pirouettes. Donnant sur la forêt inondée, une baie vitrée permet de voir nager des poissons. Parmi eux, le tambaqui, une espèce de la famille des piranhas.

Chez nous

Le parcours mène ensuite à une forêt de chez nous garnie d'un étang à castors. Plus loin, j'ai vu un porc-épic sommeiller dans le repli d'une falaise.

À l'écosystème du grand fleuve, la vue sous l'eau est spectaculaire. Dans un immense aquarium, en forme de demi-cercle, vivent des poissons du Saint-Laurent marin. L'énorme esturgeon y côtoie les bancs de maquereaux.

Pôles

Après l'excursion éclair dans les deux Amériques, on passe par les deux pôles de la Terre, avec les manchots du pôle Sud et les petits pingouins du pôle Nord. Rassurez-vous, on n'a pas abaissé la température du secteur à -70°C pour faire vrai!

Débourser moins de 10 $ pour explorer les deux Amériques et recevoir les deux pôles en prime: c'est l'aubaine.

BON À SAVOIR

Accès en auto	par la rue Viau
Accès en métro	station Viau
Frais d'entrée	9,50 $/ adulte, 4,75 $/ enfant (6 à 17 ans)
	(note: hausse des tarifs en janvier 2001)
Stationnement	7 $ (ou gratuit dans les rues avoisinantes)
Site	Biodôme de Montréal
	4777, av. Pierre-de-Coubertin
	Montréal
Tél.	(514) 868-3000
Internet	http://www.ville.montreal.qc.ca/biodome

Excursions

sans bottes ni manteau

La Biosphère, royaume de l'eau

Tout le monde connaît la Biosphère, mais sans nécessairement savoir ce qu'on retrouve à l'intérieur! Que cache donc la grosse boule de l'île Sainte-Hélène?

À la Biosphère, gérée par Environnement Canada, on explore le royaume de l'eau. On apprend mais, ô surprise, on s'amuse aussi!

Salle de plaisirs

Dans une salle un peu sombre, on découvre des plaisirs d'eau. À l'entrée, des sons de tam-tam donnent envie de danser.

Partout ou presque se déroule une folle aire de jeu. De petits tambours électroniques permettent de créer sa propre musique à partir de bruits d'eau ou de coassements de grenouille.

Tout près, un bain gréco-romain nous invite à nous détendre, les pieds dans l'eau. À deux pas, j'ai enfilé une lunette électronique et des skis nautiques et tenté ma première expérience virtuelle dans ce sport.

Visions

Dans la salle Visions, au cinquième niveau, s'étire une immense maquette du fleuve et des Grands Lacs. Des panneaux illustrés et des bornes interactives soulèvent plusieurs questions chaudes comme celles de l'eau potable et des moules zébrées.

J'ai surtout aimé mon survol virtuel du fleuve en hélico. Grâce à l'écran sur table et aux écouteurs, l'illusion était tout à fait réussie.

Attention climat!

Cet hiver, jusqu'au 1er avril, l'exposition *Attention climat!* veut nous en faire voir de toutes les couleurs. On y retrouve des photos saisissantes de 10 événements météorologiques extrêmes et 12 caricatures géantes réalisées par le duo fille-père Anne-Marie et Jean-Pierre Coallier.

On peut s'improviser présentateur météo dans un studio de télé!

BON À SAVOIR

Accès en auto	*via* le pont Jacques-Cartier
Accès en métro	station Île Sainte-Hélène
Frais d'entrée	8,50 $/ adulte, 5 $/ enfant (7 à 17 ans)
Stationnement	gratuit (sauf durant la Fête des neiges)
Site	La Biosphère
	160, chemin Tour-de-L'Isle
	Île Sainte-Hélène, Montréal
Tél.	(514) 283-5000
Internet	http://biosphere.ec.gc.ca

Excursions

sans bottes ni manteau

Les p'tits bonshommes à la Cinémathèque

Dans la salle Raoul-Barré de la Cinémathèque québécoise, l'exposition permanente Formes en mouvement, regards sur l'animation *est, ironiquement, peu animée. Il faut dire qu'on s'applique à nous montrer comment sont faits les « p'tits bonshommes » ou autre cinéma d'animation, image par image.*

L'illusion du mouvement

En entrant, j'ai été fasciné par le praxinoscope géant, une reconstitution grand format d'un appareil inventé en 1877, avant l'avènement du cinéma. La forme rappelle la cuve d'une machine à laver. À l'intérieur, on a placé, l'une à côté de l'autre, 12 images différentes du même personnage.

Autour du poteau, 12 miroirs placés en forme hexagonale. Quand on fait tourner la cuve, les images se succèdent sur le miroir qu'on regarde, créant une impression de mouvement.

Aussi en montre, d'autres jouets d'optique, sous forme de roulette, par exemple, conçus selon le principe de la répétition d'images consécutives. Mais comme il fallait quelques secondes tout au plus pour les visionner, les mêmes images revenaient sans cesse...

Cher Bugs Bunny

Au salon des étoiles, j'ai revu plusieurs vedettes des dessins animés de mon enfance : Bugs Bunny, mon préféré, mais aussi Betty Boop et Woody Woodpecker. J'ai regardé, avec un plaisir fou, les 9 minutes d'extraits de 12 séries diffusées de 1928 à 1994.

Sur un mur, sont affichés plusieurs croquis et illustrations pour dessins animés, faits à Hollywood avant l'avènement de l'informatique. On voit aussi des *model sheets*, conçues pour que plusieurs dessinateurs puissent travailler sur un même personnage, sur des épisodes différents, tout en respectant les traits et les dimensions exacts.

Quelques-unes des illustrations présentées sont faites au Québec. On aperçoit, entre autres, *Caillou aime le cirque* (1997), série produite par Cinar. Le personnage est coloré et animé par ordinateur.

Création éclatée

On découvre également que le cinéma d'animation peut aussi être créé avec du papier découpé, des dessins dans du sable placé sur une table lumineuse ou des marionnettes.

«Avec l'arrivée des supports numériques et des nouvelles technologies de l'image, lit-on, l'histoire du cinéma d'animation ne fait que commencer... Rendez-vous dans 100 ans !»

BON À SAVOIR

Accès en auto	boul. de Maisonneuve, près de la rue Saint-Denis
Accès en métro	station Berri-UQAM
Frais d'entrée	5 $/ adulte, 2,50 $/ enfant (de 7 à 16 ans)
Site	Cinémathèque québécoise 335, boul. de Maisonneuve Est Montréal
Tél.	(514) 842-9768
Internet	www.cinematheque.qc.ca

Excursions *sans bottes ni manteau*

Le Cosmodôme, c'est cool

S'il vous arrive de pester contre le froid, dites-vous que ça pourrait être pire. «L'espace, c'est vraiment cool!» écrit-on dans un dépliant du Cosmodôme, précisant qu'il fait moins −150°C dans les hautes sphères du cosmos.

Puisqu'il en est ainsi, aussi bien rester sur notre chère petite Terre et découvrir l'espace... à l'intérieur. Cap vers Laval!

Découvertes-chocs

La visite débute par le spectacle multimédia *La Route des étoiles.* Dans une salle ronde et sombre dont le plancher tourne, défilent des images sur la découverte du cosmos, de l'astronomie et de l'exploration spatiale. Quand les fusées décollent, notre siège vibre. On se sent plus dans un manège que dans une salle de cinéma. Tout un choc!

Le voyage dans le passé surprend par la perception réaliste de savants visionnaires. En 1665, Newton affirmait: «Une pomme tombe de l'arbre, attirée par la Terre. Mais si je pouvais la lancer aussi loin que dans l'espace, elle se mettrait en orbite. »

Fusées

Dans la section sur la conquête de l'espace se trouvent de superbes répliques de fusées. Parmi elles, on observe la fusée de Goddard (États-Unis), propulsée, en 1926, par de l'oxygène liquide et de l'essence jusqu'à la très modeste altitude de 12 m...

On aperçoit également la première fusée à avoir mis un satellite (le *Spoutnik I*) en orbite, exploit réalisé le 4 octobre 1957 par l'Union soviétique. Sur le même plancher se dresse *Saturne 5*, de la mission *Apollo II*, rappelant les premiers pas de l'homme sur la Lune, un événement vécu par l'astronaute américain Neil Armstrong le 20 juillet 1969.

Parlant de la Lune, on revit des moments forts de son exploration, un peu plus loin, dans une autre section. Des postes vidéo relatent l'aventure d'*Apollo XI* et d'autres missions. Un scaphandre utilisé pour l'entraînement nous met dans l'ambiance. La visite du secteur se termine par un magnifique coucher de Terre vu de la Lune

Planètes

Dans une autre section, on parcourt le système solaire grâce à une extraordinaire reconstitution des planètes, reproduites à l'échelle. Le montage, baignant dans un jeu d'ombres et de lumière, ressemble à un décor de théâtre. C'est fou comme la Terre est petite dans l'Univers.

Au Camp spatial, des simulateurs (disponibles sur réservation seulement) permettent de vivre les sensations des astronautes. Des programmes d'entraînement d'une demi-journée à une semaine sont offerts aux petits et grands. Si la vie (cosmique) vous intéresse...

BON À SAVOIR

Accès en auto	autoroute 15, sortie 9 ou 10
Frais d'entrée	9,75 $/ adulte, 6,50 $/ enfant (6 à 12 ans)
Services	programmes spéciaux, d'une demi-journée et plus, avec essai de simulateurs (sur réservation)
Site	Cosmodôme 2150, autoroute des Laurentides Laval
Tél.	(450) 978-3600
Internet	http://www.cosmodome.org

À l'Écomusée, les pierres parlent

À Saint-Constant, pas loin de la route 132 et en plein quartier résidentiel, je ne m'attendais pas à découvrir un petit musée des sciences de la nature.

Des fossiles. Des pierres précieuses. Un véritable coffre aux trésors!

Curiosités

À première vue, rien de spectaculaire, mais certains détails étonnent: une pierre qui flotte, un morceau de bois pétrifié...

À l'entrée, une maquette explique la fameuse théorie du *Big Bang* sur la formation de la Terre. Tout aurait commencé, il y a 15 milliards d'années, par une explosion... Notre planète se serait ensuite formée, il y a 4,5 milliards d'années.

Fossiles

À même le mur, s'alignent des fossiles, rangés par périodes. J'y ai admiré de beaux trilobites, une des premières formes de vie animale, apparue il y a 500 millions d'années durant l'Ordovicien.

On y voit aussi une boule d'ambre jaune qui renferme une mouche, comme dans le fameux film *Le Parc jurassique*. L'ambre, nous apprend-on, s'est formé à partir de la résine qui suintait des arbres durant l'ère du Cénozoïque (il y a de cela de 2 à 65 millions d'années).

Pierres

Dans un présentoir sous verre, brillent des pierres précieuses : émeraudes, rubis... On y admire aussi des pierres semi-précieuses : quartz (transparent et clair)...

Un autre présentoir montre à quoi servent les roches ou les minerais les plus répandus. Ainsi, avec le quartz et le sable, on fait du verre. Avec la bauxite, on fabrique l'aluminium.

Intéressant.

BON À SAVOIR

Accès en auto	route 132, au sud de Laprairie
Frais d'entrée	3 $/ personne
Site	L'Écomusée de Saint-Constant
	66, rue Maçon
	Saint-Constant
Tél.	(450) 632-3656

L'Électrium,
un musée allumé

On n'est jamais trop au courant de ce que fait Hydro-Québec. Son musée sur l'électricité, nommé l'Électrium, se dresse discrètement près de l'autoroute 30, à Sainte-Julie, à seulement 20 minutes de Montréal.

Devant l'entrée, un pylône tordu par le verglas de triste mémoire de janvier 1998. Jean-René Dufort, le reporter fantaisiste de *La fin du monde est à 7 heures*, nous l'a d'ailleurs déjà montré au petit écran. Lorsqu'il a voulu s'immoler la langue à froid, m'a-t-on raconté, elle est restée collée sur le métal… La scène n'a pas été diffusée…

Comment ça marche ?

La visite débute par un film de 14 minutes, expliquant que l'électricité est créée par un mouvement d'électrons. Et pour créer ce mouvement, avec des turbines, on se sert bien sûr du courant de l'eau.

Comme il fallait s'y attendre, on traite des barrages hydroélectriques. Les images nous rappellent le travail colossal réalisé pour amener l'électricité jusqu'à nos foyers. On a beau le savoir, on a trop souvent tendance à l'oublier.

Anguille électrique

Plus loin, dans un aquarium, nage un gymnote, plus connu sous le nom d'anguille électrique. L'électricité générée par ce drôle de poisson pourrait allumer une dizaine d'ampoules de 40 watts. Étonnant !

Le champ électrique s'étend jusqu'à 1 m autour du corps de ce poisson. Contrairement à ce qu'on pourrait croire, ce locataire du fleuve Amazone, en Amérique du Sud, ne s'en sert pas pour électrocuter ses victimes, mais bien pour s'orienter.

Électricité statique

L'autre attraction-vedette de l'Électrium est la génératrice d'électricité statique de Van der Graaff. Quand on pose la main sur la boule d'aluminium, chargée d'électrons, les cheveux se dressent sur notre tête !

Dans un autre ordre d'idées, j'ai aussi aimé consulter la grande carte des réseaux d'Hydro-Québec, lesquels s'illuminent chacun leur tour quand on appuie sur un bouton. Même si le réseau hydroélectrique domine, j'ai été surpris de découvrir l'existence de petites centrales thermiques dans des localités isolées comme Port Menier, à l'île d'Anticosti.

À l'Électrium, des guides-animateurs nous parlent tout aussi bien des orages électriques que des champs magnétiques et des ampoules domestiques. Le petit musée, fort allumé, fait bellement la lumière sur l'électricité.

Note : L'Électrium est ouvert tous les jours, sauf le samedi.

BON À SAVOIR

Accès en auto	autoroute 30, sortie 128
Frais d'entrée	gratuit
Site	L'Électrium
	2001, rue Michael Faraday
	Sainte-Julie
Tél.	(450) 652-8977
	1-800-267-4558

Excursions *sans bottes ni manteau*

L'Exotarium :
des monstres sympathiques

À l'Exotarium, une ferme de
reptiles située à Saint-Eustache,
les sueurs froides sont garanties.
Et on en redemande…

Dans la petite bâtisse, on circule entre lézards et serpents menaçants. Rassurez-vous, ils sont gardés sagement dans des cages vitrées.

Lézards

Dans un *aquaterrarium*, un iguane vert de 1 m de long se tient parfaitement immobile sur un arbre incliné. Juste en dessous de ce lézard d'Amérique du Sud et centrale, près d'un petit étang, végète un basilic vert. Celui-là peut courir sur l'eau ! On l'appelle d'ailleurs *Jesucristo* (Jésus-Christ, en espagnol).

Parmi tous les autres lézards de l'Exotarium, j'ai aussi été étonné par le varan crocodile, originaire des forêts de la Nouvelle-Guinée. Prédateur redoutable faisant 1 m de long, il est souple et agile.

Serpents

Ne manquez pas d'admirer les pythons tapis. Pouvant atteindre 4 m, ce sont les plus longs serpents d'Australie.

Le serpent à sonnette en fait sursauter plus d'un. Dès qu'on s'approche, on entend ce bruit inquiétant et ultra-rapide de grelot qui provient du choc des petites bulles cornées et creuses de sa queue.

Bibites rares

Tout au long de la visite, on vogue de surprise en surprise. Et il y a de quoi : la ferme abrite 200 reptiles, dont 100 espèces.

Il faut voir les tortues à cou de serpent, originaires du sud-est asiatique. Il y a même des crocodiles et des alligators... sans parler de la fosse où grouillent pas moins de 200 scorpions.

Un beau petit safari... heureusement sans danger !

Note : L'Exotarium est fermé en janvier. Les autres mois de l'hiver, les portes sont ouvertes les vendredi, samedi, dimanche et lundi férié.

BON À SAVOIR

Accès en auto	autoroute 640 Ouest, sortie 8
Frais d'entrée	6 $/ adulte, 4 $/ enfant (3 à 15 ans)
Site	L'Exotarium, ferme de reptiles
	846, chemin Fresnière
	Saint-Eustache
Tél.	(450) 472-1827

Fort Angrignon

C'est fou, mais pas dangereux. Je fais ici allusion à Fort Angrignon, un étonnant parcours de jeux d'adresse inspiré de Fort Boyard.

Le parcours se trouve au Centre d'animation du parc Angrignon (CAPA). L'humble château fort est situé en face de la station de métro du même nom, dans l'extrême sud-ouest de la ville de Montréal.

Comment ça marche

Escalade, labyrinthes obscurs, énigmes, bibites, voilà un bref aperçu de ce qui vous attend. Malgré l'ampleur du défi, les enfants sont admis à partir de six ans. Les jeux sont alors adaptés à leur âge.

Le parcours n'est pas de tout repos : 10 épreuves à réussir en 2 h 30 min. Les week-ends, en après-midi ou en début de soirée, on accueille 7 équipes à la fois, formées de 8 à 12 personnes chacune.

Labyrinthe

Le parcours comprend un labyrinthe à cinq étages. Cette épreuve consiste à trouver, au plus vite, l'accès au deuxième étage et à la sortie. Comme il fait noir, on porte alors un casque d'escalade muni d'une lampe frontale.

La grande évasion est un autre beau défi. Il faut libérer ses coéquipiers emprisonnés dans des cages. Pour récupérer les clés, on doit les saisir avec nos dents, la tête dans l'eau. On grimpe ensuite dans un gros tuyau et sur une échelle de corde.

Aventure

Énigmes à résoudre et diverses autres épreuves vous attendent.

Entre amis ou en famille, Fort Angrignon amuse petits et grands.

BON À SAVOIR

Accès en auto	autoroute Décarie (15), sortie boul. de La Vérendrye
Accès en métro	station Angrignon
Frais d'entrée	9 $/ adulte, 8 $/ enfant réservations nécessaires
Site	Parc Angrignon 3400, boul. des Trinitaires Montréal
Tél.	(514) 872-3816
Internet	www.fortangrignon.qc.ca

Excursions *sans bottes ni manteau*

Chez Fleurineau

Même en hiver, la Route des fleurs, à Laval, réserve de belles surprises. Pour s'en convaincre, il suffit d'arrêter chez Fleurineau, rue Principale, dans le quartier Sainte-Dorothée.

Fleurineau, c'est le nom d'un producteur et d'une boutique de fleurs séchées appartenant à la famille Marineau. C'est aussi un économusée : des panneaux explicatifs ont été disposés un peu partout et on y découvre un petit monde surprenant.

Grenier

J'aime le grenier. La pièce, plutôt propre et joliment décorée, se trouve dans la boutique, en haut des escaliers.

Là s'entassent, bien rangées, des gerbes de plus de 100 variétés et couleurs de plantes séchées, dont des graminées comme l'avoine, l'orge et le blé.

Il y a des roses, également. Et de toutes les couleurs. Des rouges, évidemment, mais aussi des blanches, des jaunes, des noires et même des violacées !

Arrière-boutique

La boutique se distingue par ses paniers champêtres. Derrière se trouvent deux séchoirs, deux fois plus grands qu'un garage ! Ils ne seront peut-être pas en activité quand vous passerez, mais y jeter un coup d'œil donne une bonne idée de la façon dont ça fonctionne.

Économusée

Comme vous n'avez pas de mégaséchoir chez vous, on vous livrera des trucs de séchage à votre portée. Les plantes peuvent être séchées à la chaleur, mais aussi avec du gel de silice ou de la glycérine.

C'est ainsi que Fleurineau est plus qu'une boutique.

Bon à savoir

Accès en auto	*via* l'autoroute 440, à l'ouest de la 13, jusqu'à la rue Principale
Frais d'entrée	gratuit
Site	Économusée de la fleur
	1270, rue Principale
	Laval (quartier Sainte-Dorothée)
Tél.	(450) 689 8414
Internet	www.economusees.com

L'Insectarium,
les bibites vues autrement

Depuis 1990, le petit monde des insectes est à notre portée, surtout grâce aux milliers de spécimens cueillis par Georges Brossard sur les cinq continents...

Visiter l'Insectarium de Montréal, c'est s'offrir un voyage exotique autour de la planète.

Tout un univers

Les surprises abondent, surtout dans la zone néotropicale.

Un insecte bâton, deux fois long comme un crayon, ressemble à une branche de bois sec. Des papillons du Pérou, de la famille des *Nymphalidæ*, affichent le plus naturellement du monde les numéros 80, 88 ou 89 sur leurs ailes! Inusités, les insectes savent aussi évoquer la beauté. Un collier traditionnel des Indiens aucas, en Équateur, est fabriqué avec des ailes de scarabées dures et brillantes comme des bijoux.

Qui mange qui?

En plus des insectes naturalisés ou vivants, vous en trouverez des virtuels grâce à des jeux interactifs. Une roulette fait correspondre des illustrations de prédateur avec sa proie: engoulevent et maringouin, ou encore barbote et larve de libellule.

À l'occasion de l'événement annuel Croque-Insectes, j'ai apprécié un superbe petit documentaire intitulé *Banquet à Bangkok*. On y démontre que des humains aussi aiment se nourrir d'insectes. Les criquets saisis dans l'huile seraient aussi savoureux que les crevettes.

Bonbon

À la sortie, je me suis acheté une sucette à l'érable enrobant une larve de ténébrion (un ver à farine). Une fois la larve sur ma langue, je l'ai croquée. Ça goûte à la fois amer et chocolaté.

Bouffer des bestioles est exotique et surprenant. Comme l'Insectarium.

Bon à savoir

Accès en auto	angle des rues Sherbrooke et Viau
Accès en métro	station Viau
Frais d'entrée	6,75 $/ adulte, 3,50 $/ enfant (6 à 17 ans) (incluant l'accès au Jardin botanique) (note : hausse des tarifs en janvier 2001)
Stationnement	5 $
Site	Insectarium de Montréal 4581, rue Sherbrooke Est Montréal
Tél.	(514) 872-1400
Internet	www.ville.montreal.qc.ca/insectarium

Excursions *sans bottes ni manteau*

La Maison de l'arbre, encore méconnue

Même si elle se trouve au Jardin botanique de Montréal, la Maison de l'arbre reste méconnue. Pourtant, elle ne saurait être plus facile d'accès : elle est située juste au nord du site, près du boulevard Rosemont, à deux pas d'un arrêt d'autobus.

Dans ce centre d'interprétation peu banal, on révèle tout, ou presque, sur la vie des arbres.

Vitrine

La salle d'exposition permanente, près de l'entrée, est une vitrine ouverte sur l'arbre, sa biologie, son milieu de vie et son utilité. On a aménagé l'espace en s'inspirant de la morphologie d'une souche avec ses anneaux concentriques de croissance.

Justement, savez-vous comment un arbre grandit ? Eh bien, un exhibit nous apprend que c'est grâce au cambium, cette mince couche de cellules génératrices dissimulées sous l'écorce.

D'autres illustrations, très bien faites, décrivent la photosynthèse en montrant comment l'air, l'eau et la lumière travaillent ensemble.

Hommage

Ce lieu de connaissances, ouvert au public depuis juillet 1996, c'est aussi un hommage à l'arbre. Les grandes écozones terrestres, indiquées sur un globe, rappellent l'importance de la forêt dans le monde.

On constate, par exemple, que la forêt boréale, constituée principalement d'épinettes blanches et d'épinettes noires, fait le tour de la planète. Elle traverse le Canada, la Scandinavie, le nord de la Russie et le sud de l'Alaska.

Expositions étonnantes

La Maison de l'arbre, ce sont aussi d'étonnantes expositions qui durent plusieurs mois. L'une des plus remarquables a certes été l'exposition de photos d'Ariane Ouellet intitulée *Les Faiseurs de forêt*. Elle y a dépeint, avec talent, la vie quotidienne des jeunes gens qui plantent des arbres.

Bref, après avoir voyagé de la cellule de la feuille à l'immensité de la forêt, ne fût-ce qu'une toute petite heure, on ne voit plus les arbres de la même façon.

BON À SAVOIR

Accès en auto	angle du boul. Rosemont et de la 29e Avenue
Accès en métro	station Pie-IX ou station Viau, puis autobus
Frais d'entrée	gratuit
Stationnement	gratuit dans les rues voisines
Site	Maison de l'arbre
	Jardin botanique de Montréal
	4101, rue Sherbrooke Est
	Montréal
Tél.	(514) 872-6824
Internet	http://www.ville.montreal.qc.ca/jardin

Excursions *sans bottes ni manteau*

Le musée McCord : que de curiosités !

Les souliers du géant Beaupré, de vieilles lames de patin qu'on vissait aux semelles, une somptueuse robe du soir ornée d'une broderie diamantée...
Voilà seulement quelques-uns des 800 objets, souvent inusités, de l'exposition permanente du musée McCord intitulée Simplement Montréal.

Cette exposition, comprenant quatre sections, se veut historique mais, à vrai dire, j'ai davantage été frappé par ses curiosités.

Hiverner

Dans la section *Hiverner*, près des éternelles raquettes, on retrouve un manchon en fourrure pour les pieds, qui était porté par les dames au cours des randonnées en traîneau. Je n'avais jamais entendu parler de cette calorifique coquetterie.

C'était aussi la première fois que je voyais une bassinoire, une drôle de patente à deux couvercles munie d'un long manche. Le contenant, dans lequel on mettait des braises, servait à réchauffer les draps avant de s'y coucher. Cette pratique était répandue dans la bourgeoisie au XIXe siècle.

J'ai aussi été surpris d'apprendre, photos d'archives à l'appui, qu'on construisait de très gros châteaux de glace, entre autres au parc Jeanne-Mance et au Carré Dominion. L'un des plus imposants, érigé en 1887, comprenait 25 000 blocs de glace et mesurait 32 m de haut !

S'amuser

Dans la section *S'amuser*, battes de cricket, maillets de polo ou bâtons de golf rappellent la passion de l'élite anglophone pour les loisirs équestres et les sports de gazon, sur le modèle des prestigieux clubs britanniques.

Il faut aussi admirer les élégantes robes datant de l'époque des folles nuits de Montréal. «Après 1925, l'émancipation de la femme a fait des progrès, peut-on lire, et les robes du soir se sont mises à raccourcir...»

Peuples distincts

Dans la section *Prospérer*, le mobilier de luxe des Britanniques, qui sont employeurs ou commerçants, contraste vivement avec la photo-choc géante d'une maison délabrée des travailleurs canadiens-français du début du siècle, un nouvelle classe sociale née de l'industrialisation. L'idée de les faire se voisiner est audacieuse.

On ne se gêne pas pour montrer les choses comme elles étaient, en les plaçant dans leur contexte historique. Dans la section *Se rencontrer*, des photos illustrent les relations entre gens de toutes origines. On découvre ainsi qu'à la fin du XIXe siècle les Mohawks de Kahnawake, réserve alors appelée Caughnawaga, vendaient fruits et légumes dans les marchés publics de Montréal. Les temps ont bien changé...

BON À SAVOIR

Accès en auto	rue Sherbrooke, près de la rue University
Accès en métro	station McGill
Frais d'entrée	8,50 $/ adulte, 2 $/ enfant (de 7 à 12 ans); gratuit le samedi, entre 10h et 12h
Site	Musée McCord
	690, rue Sherbrooke Ouest
	Montréal
Tél.	(514) 398-7100
Internet	www.musee-mccord.qc.ca

Excursions

sans bottes ni manteau

Le musée du Rocket

Malgré l'immense popularité de l'ancien N° 9 du Canadien de Montréal, le musée en son honneur demeure méconnu. L'Univers Maurice «Rocket» Richard, une exposition permanente gérée par Tourisme Hochelaga-Maisonneuve, ne fait pas vibrer que les amateurs de hockey. On nous y offre le privilège de revivre l'épopée d'un personnage qui a marqué son époque.

Souvenirs

Après avoir croisé l'imposante statue de bronze du Rocket, rue Viau, je suis entré au musée. Interpellé par une agréable narration de Claude Quenneville, je me suis arrêté devant une scène en trois dimensions montrant Maurice, tout jeune, jouant avec des amis sur une patinoire extérieure improvisée.

Les buts, faits avec des planches, indiquent qu'on s'arrangeait alors avec les moyens du bord. On jouait au hockey dans sa cour, dans un champ ou sur le bord d'une rivière. Plus souvent qu'autrement, sans équipement protecteur...

Jeu-questionnaire

Tout en ressassant des souvenirs, la voix de Quenneville énonce les faits saillants de la carrière du Rocket. Puis, nos connaissances sont mises à l'épreuve avec un jeu-questionnaire. On a seulement 10 secondes pour répondre, en appuyant sur un bouton.

Les coupes Stanley à l'époque du Rocket, les records de l'idole, ses coéquipiers, tout y passe. Une bonne réponse donne un point à notre équipe et une mauvaise vaut un point à l'équipe adverse. À ma grande surprise, j'ai mené le Canadien à une victoire écrasante de 7 à 2 contre les Rangers de New York...

Salle des exploits

Plus loin, une grande salle rappelle les exploits du hockeyeur. Sur un mur sont affichés des agrandissements de pages couvertures de journaux et magazines : *Le Soleil*, *La Patrie*, *Sport Revue*...

Sur le mur opposé, dans une armoire vitrée, sont alignés des dizaines de trophées. On y retrouve, entre autres, des répliques des huit coupes Stanley remportées sous le règne du Rocket, tout comme le *Milestone Award*, qui a couronné les 500 buts de Maurice Richard, le premier à recevoir cet honneur.

Avant de partir, ne manquez surtout pas le minifilm d'animation de l'ONF.

C'est l'histoire du petit Roch Carrier qui reçoit en cadeau un chandail N° 9... des Maple Leafs de Toronto. Dans les années 50, comme tous ses amis portent le N° 9 du Canadien, le garçon doit apprendre, bien malgré lui, à vivre dans l'adversité !

BON À SAVOIR

Accès en auto	angle de l'avenue Pierre-de-Coubertin et de la rue Viau
Accès en métro	station Viau
Frais d'entrée	gratuit
Stationnement	5 $ ou 7 $ (ou gratuit dans les rues voisines)
Site	L'Univers Maurice Richard 2800, rue Viau Montréal
Tél.	(514) 251-9930

Le musée Stewart : notre histoire

Juste sous le pont Jacques-Cartier, se cache une remarquable collection d'objets nous faisant vivre quatre siècles d'histoire. Notre histoire.

Ce trésor se trouve au musée Stewart, dans le Fort de l'île Sainte-Hélène. Le bâtiment de pierre a été construit en 1820 par les Britanniques, en même temps que la Citadelle de Québec, pour protéger le Bas-Canada contre l'invasion des Américains.

Arsenal

Les objets sont précieusement gardés dans l'Arsenal, qui a servi de repaire aux soldats britanniques durant la Rébellion des Patriotes (1837-1838). On passe sous des plafonds voûtés conçus pour rendre le fort plus résistant aux coups de canon.

Chaque petite salle correspond à une époque. Et les époques défilent, dans l'ordre, en partant de la rencontre entre les Amérindiens et les explorateurs européens. Comme ils se sont souvent battus, en ennemis ou en alliés, les armes ne manquent pas.

Maquette et accessoires

Le clou de l'exposition est la superbe maquette interactive représentant Montréal en 1760. Quand on appuie sur un bouton, un narrateur décrit le territoire ou le bâtiment de notre choix, alors éclairé par un projecteur.

Les accessoires domestiques aussi étonnent. La vaisselle en faïence, illustrant bien le faste de la cour du roi de France, contraste vivement avec la vaisselle rustique en étain des colons en Nouvelle-France.

À la boutique, plusieurs répliques des objets du musée: cartes d'explorateurs, vaisselle, armes... Mon coup de cœur: le pistolet de civil (22 $), qu'on glissait facilement dans sa poche.

BON À SAVOIR

Accès en auto	pont Jacques-Cartier, sortie Parc des Îles, jusqu'au Fort
Accès en métro	station Île Sainte-Hélène
Frais d'entrée	6 $/ adulte, 4 $/ enfant (7 à 18 ans)
Stationnement	gratuit (sauf durant la Fête des neiges)
Site	Musée Stewart au Fort de l'île Sainte-Hélène
	20, chemin Tour de L'Isle
	Île Sainte-Hélène
	Montréal
Tél.	(514) 861-6701
Internet	http://www.stewart-museum.org

Excursions

sans bottes ni manteau

Les p'tites vues de l'ONF

« *Quand je solnambule, je viens ici, en studio, lance Sol, au début du film* Un monde animaginaire. *Les gens [sur le plateau], ils arrêtent pas de regarder par le petit trou [de la caméra]: c'est pourquoi on appelle ça l'Orifice national du film...* »

J'ai visionné cinq films à la CinéRobothèque de l'Office national du film, rue Saint-Denis, mais il s'en trouve des milliers dans ce même lieu.

Sept mille films!

Il y a plus de 7 000 films en archives, produits durant 60 ans par l'ONF. Documentaires, fictions, animations, l'inventaire impressionne!

Pour choisir, il faut consulter le répertoire sur ordinateur et noter les films qui nous intéressent. Il suffit ensuite de louer un des 21 cinémas personnels (seul ou en duo).

Assis confortablement, on n'a qu'à commander son film par ordinateur. Sur le moniteur, on voit le robot prendre le vidéodisque et l'insérer dans le lecteur. Et les vues commencent! On y fait de belles découvertes, tel ce *Two Bagatelles* (1953), un petit film d'animation. Un ouvrier danse à la fois comme James Brown et comme un rapper. Et ses vêtements changent à chaque seconde! Tout un montage pour l'époque.

Vidéodisques

Pour des films d'archives, la qualité des images surprend. Il faut dire que les pellicules originales sont conservées à atmosphère contrôlée.

Les vidéodisques laser, gravés sur place, reproduisent les films avec une fidélité étonnante.

Si vous utilisez Internet, libre à vous de choisir d'avance vos films sur le site de l'ONF avant de vous rendre les apprécier sur place. Un catalogue par titres et par sujets (très bonne idée) est aussi vendu.

BON À SAVOIR

Accès en auto	angle de la rue Saint-Denis et du boul. Maisonneuve
Accès en métro	station Berri-UQAM
Frais	3 $/h (par adulte)
Site	La CinéRobothèque 1564, rue Saint-Denis Montréal
Tél.	(514) 496-6887
Internet	http://www.onf.ca/F/cinerobotheque

Excursions

sans bottes ni manteau

Voir des étoiles au Planétarium

À deux pas du Centre Molson, brillent des étoiles presque plus vraies que nature. Au Planétarium de Montréal, sous le vaste dôme qui sert d'écran, le ciel, d'ici ou d'ailleurs, est reproduit dans toute sa splendeur par un projecteur ultrasophistiqué.

Un planétarium est un théâtre muni d'un planétaire (projecteur d'étoiles) qui illustre les mouvements de la voûte céleste. Celui de Montréal, inauguré en 1966, a été le premier dôme de conception Zeiss installé en Amérique du Nord.

Voyage dans l'espace

Sous le dôme, une salle de 400 places. Avant ou après chaque spectacle, apparaît le ciel de la saison.

Les images sont recréées par un appareil de 2,5 tonnes fabriqué en Allemagne, lequel compte plus de 150 projecteurs fixes et mobiles. Cette technologie permet de reproduire des constellations tout comme une pluie d'étoiles filantes.

Plus encore, la machine montre le ciel comme on pourrait le voir à l'œil nu de n'importe où dans le monde et à n'importe quel moment, passé ou à venir.

Dans le corridor

Je me suis attardé à l'exposition *À ciel ouvert*, dans le corridor circulaire entourant le théâtre. Dans cet espace confortable et sombre, des photos du ciel illuminées le long du mur : des nébuleuses, des amas d'étoiles et d'autres merveilles.

J'ai aussi été agréablement surpris par la reproduction d'un noyau de comète, composé dans la réalité de glace et de poussière. Le noyau de la comète Halley, mentionne-t-on, faisait 16 km de long, soit la largeur de l'île de Montréal !

L'endroit est magique et riche d'enseignement pour les spectateurs de tous âges.

BON À SAVOIR

Accès en auto	*via* la rue Peel
Accès en métro	station Bonaventure
Frais d'entrée	6 $/ adulte, 3 $/ enfant (6 à 17 ans)
	(note : hausse des tarifs en janvier 2001)
Stationnement	payant
Site	Planétarium de Montréal
	1000, rue Saint-Jacques Ouest
	Montréal
Tél.	(514) 872-4530
Internet	http://www.planetarium.montreal.qc.ca

Excursions

sans bottes ni manteau

Pointe-à-Callière : le musée qui raconte Montréal

C'est à Pointe-à-Callière que Montréal a été fondée. Trop souvent, on ne se doute pas que l'étrange bâtisse, près du Vieux-Port, abrite le Musée d'archéologie et d'histoire de Montréal.

Du passé au futur

Le bâtiment aux allures futuristes repose sur des sols portant les traces de plus de 1 000 ans d'occupation humaine, soit depuis les Amérindiens. L'Éperon, pour le nommer, évoque, par sa forme triangulaire et sa tour, la proue et la vigie d'un navire.

Au sous-sol, les anciennes fondations révèlent que la forme épousait simplement la pointe autrefois formée par le fleuve et la rivière Saint-Louis.

Dans la crypte archéologique, des personnages virtuels nous parlent. On les croirait téléportés, comme dans un film de *Star Trek*.

Traces d'histoire

Le musée, c'est aussi une collection de milliers d'objets, trouvés au cours des fouilles archéologiques. C'est également l'Ancienne-Douane, un édifice restauré voisin de l'Éperon. Qu'on se le dise, aucun autre endroit ne permet de faire un aussi beau voyage dans le temps à Montréal.

C'est peut-être encore plus vrai cet hiver, car le spectacle multimédia a été entièrement refait pour rendre notre visite encore plus mémorable.

Bon à savoir

Accès en auto	par la rue de la Commune Ouest (Vieux-Montréal)
Accès en métro	station Place-d'Armes
Frais d'entrée	8,50 $/ adulte, 3 $/ enfant (6 à 12 ans)
Site	Musée d'archéologie et d'histoire de Montréal 350, place Royale Vieux-Montréal
Tél.	(514) 872-9150
Internet	http ://www.musee-pointe-a-calliere.qc.ca

Excursions

sans bottes ni manteau

Il était une fois
RCA Victor...

Dans l'ancienne usine de RCA Victor, dans le quartier Saint-Henri à Montréal, se cache le Musée des ondes Émile Berliner, du nom de celui qui a inventé le gramophone et le disque plat, en 1887. Il s'agit d'un tout petit local, juste en dessous du studio où de nombreux chanteurs ont enregistré leurs disques, depuis Alys Robi jusqu'à Éric Lapointe.

78 tours

À l'entrée se dresse une réplique de la devanture du magasin de Berliner, situé au 2315, Sainte-Catherine Ouest, au début du siècle. Dans la vitrine, apparaissent des disques 78 tours de trois formats : 7, 10 et 12 po, d'une durée variant d'une minute et demie à trois minutes et demie.

On comprend pourquoi le meuble en montre, conçu pour ranger 12 disques, était si énorme.

Au cœur de la vitrine, trône le fameux logo de RCA Victor, breveté en 1900 au Canada. Vous vous rappelez le gros chien blanc écoutant le gramophone...

Nipper, chien célèbre

Des illustrations racontent justement les origines du logo. Le chien, nommé Nipper, s'est retrouvé un jour chez le peintre Francis Barraud, à Liverpool. Quand ce dernier faisait jouer son phonographe, l'animal s'approchait pour savoir d'où venait le son.

L'artiste a immortalisé la scène. Après avoir modifié le tableau original pour illustrer un gramophone, il le vend, avec les droits d'auteur, à la Gramophone Company. Berliner a racheté les droits pour son entreprise et, même après plusieurs transactions menant à la formation de RCA Victor, en 1929, la marque de commerce avec le chien Nipper est restée.

La belle époque

Des photos, prises entre 1928 et 1948, montrent des scènes quotidiennes de l'usine : inspection des gramophones, pressage de disques, insertion manuelle des disques dans des pochettes. On y réalisait toutes les étapes, incluant l'enregistrement en studio.

Au cœur du musée se trouvent quelques gramophones en bois massif. Cela nous donne l'occasion de voir l'évolution des appareils : le radio phonographe, apparu dans les années 30, avec la venue de l'électricité, le tourne-disques pour 45 tours et les radios de table à lampes.

Que de souvenirs pour les uns, que de découvertes pour les plus jeunes !

Note : Le musée est ouvert les vendredi, samedi et dimanche, en après-midi.

BON À SAVOIR

Accès en auto	autoroute 720, sortie Atwater
Accès en métro	station Place-Saint-Henri
Frais d'entrée	3 $
Site	Musée des ondes Émile Berliner
	1050, rue Lacasse
	Montréal
Tél.	(514) 932-9663
Internet	www.contact.net/berliner/

La Récréathèque : des jeux pour tous

Il ne faut jamais se fier au conte-nant pour deviner le contenu.
À Laval, la grosse bâtisse carrée de la Récréathèque, laide et sans cachet, est une formidable boîte à surprises renfermant des jeux pour tout le monde.

Patin sur roues

Je suis d'abord passé par la Roulathèque. Sur la surface de bois franc, grande comme la patinoire du Centre Molson, des adeptes de patin à roues alignées, familles et ados, s'en donnaient à cœur joie au son de la *dance music*, en plein après-midi.

Les grosses boules miroir et les jeux de lumière multi-colores rappellent l'époque de *Saturday Night Fever*, avec John Travolta. Le samedi soir, c'est encore plus vrai car tous les succès disco des années 70 y passent. Parents nostalgiques et ados, bienvenue !

Drôle de minigolf

Je suis aussi allé au Rigolfeur, un parcours de minigolf avec farces et attrapes. À chaque trou, les règlements changent. Au n° 17, nommé Limbo, il faut tenir son bâton, mains dans le dos et entre les deux jambes. Au n° 1, nommé Rambo, il faut ramper sous des nouilles géantes avant de frapper la balle.

Au n° 2, le coup roulé se fait en utilisant son bâton comme une baguette de pool. Au n° 14, la balle doit passer sous une clôture puis traverser une butte abrupte. De l'autre côté, autour du trou, il y a 28 fausses balles collées sur le sol. Encore faut-il retrouver la sienne...

Excursions sans bottes ni manteau

Bananazoo

Les enfants adorent le Bananazoo, un super terrain de jeu pour les 2 à 12 ans. Tantôt ils s'amusent dans le château gonflable, fait de corridors et tourelles. Tantôt ils explorent le labyrinthe, en passant tour à tour par un téléférique, un trampoline ou des tunnels. Tout près se déroulent des spectacles de magie.

Les enfants ne se font pas prier pour se faire maquiller. Leurs personnages favoris : Tibor et Cornemuse (Télé-Québec), ainsi que Pikachu, un populaire Pokémon.

Au fait, les parents doivent rester sur place. Il ne s'agit pas d'une garderie, ce qui a par contre des avantages inattendus. Je me suis laissé dire qu'il se fait de belles rencontres entre parents célibataires...

Un tourbillon

Il y a tellement de choses à voir et à faire là qu'un après-midi est trop vite passé. Et je ne vous ai même pas parlé du salon de billard, de la salle de quilles et du jeu laser Q-2000. Un tourbillon !

BON À SAVOIR

Accès en auto	autoroute 15 Nord, boul. Saint-Martin Ouest, boul. Curé-Labelle (à gauche)
Frais d'entrée	5 $ à 7 $ par activité
À louer	patins à roues alignées (3 $ par jour)
Site	Récréathèque
	900, boul. Curé-Labelle
	Laval
Tél.	(450) 688-8880, 1-877-PLAISIR
Internet	www.recreatheque.com

Excursions *sans bottes ni manteau*

¡Tequila, por favor!

Dans les serres du Jardin botanique de Montréal, on fait de surprenantes découvertes. Tenez, dans celle des régions arides et ailleurs, on retrouve sept espèces d'agaves, des plantes grasses avec lesquelles on fait la tequila au Mexique.

Pour lancer une *fiesta*, rien de tel que des *shooters* de *tequila*. Après avoir consommé cette boisson explosive, on fait l'amour comme un dieu (du moins, on le prétend), on danse toute la nuit ou on fait des folies qu'on regrette... Bref, on peut tout faire... sauf conduire une auto! *La tequila es la bebida del diablo* (boisson du diable).

Agaves

Revenons aux agaves. De quoi s'agit-il, au juste? Ce sont des plantes succulentes (couramment appelées plantes grasses) qui ont la capacité d'accumuler des réserves.

Les agaves font partie de la famille des *Agavacae*, laquelle compte 300 espèces. Tout bon botaniste vous dira que ce sont des plantes typiques de l'Amérique. Leur aire d'origine va du sud des États-Unis jusqu'aux régions tropicales d'Amérique du Sud.

On reconnaît les agaves par leurs feuilles charnues, disposées en rosette et dotées d'une pointe acérée. Sur les bords se dressent des aiguillons, selon les espèces.

Boissons

Rares sont les plantes aussi utiles que l'agave. Avec les fibres, on fait des *sombreros*, avec les racines, des savons et avec les feuilles, un revêtement de toit. Impressionnés par ses multiples usages, les conquérants espagnols ont surnommé l'agave «*arbol de las maravillas*» (arbre des merveilles).

Des boissons artisanales et locales en sont fabriquées, comme le *pulque* (5 % d'alcool) et le mescal (45 % d'alcool). La *tequila* (55 % d'alcool), elle, est produite à grande échelle. Cette boisson est plus facilement commercialisable car finement distillée, un procédé amené par les Espagnols.

C'est surtout avec la variété *Agave tequilana* que la tequila est fabriquée. De vastes plantations et des distilleries se trouvent dans les environs de la ville de Tequila, à 150 km à l'est de Puerto Vallarta. On y fait 80 % de la production mondiale.

Si vous voulez voir des agaves, ces plantes à l'origine de *fiestas* mémorables, vous n'avez pas à attendre vos prochaines vacances. Allez au Jardin botanique. Sur ce, je m'envoie un *shooter* derrière la cravate. ¡*Salud!*

BON À SAVOIR

Accès en auto	angle des rues Sherbrooke et Pie-IX
Accès en métro	station Pie-IX
Frais d'entrée	6,75 $/ adulte, 3,50 $/ enfant (6 à 17 ans)
	(incluant l'entrée à l'Insectarium)
	(note: hausse des tarifs en janvier 2001)
Stationnement	5 $
Site	Jardin botanique de Montréal
	4101, rue Sherbrooke Est
	Montréal
Tél.	(514) 872-1400
Internet	www.ville.montreal.qc.ca/jardin

La Tour de Montréal

Le mât du Stade olympique ne sert pas qu'à soutenir le toit-catastrophe que l'on sait. Il est aussi la Tour de Montréal, dans laquelle montent annuellement plus de 300 000 visiteurs!

Comme eux, j'ai emprunté le funiculaire pour me rendre à l'observatoire situé au dernier des trois étages. Depuis le Hall touristique, il y a des départs toutes les 10 minutes.

Funiculaire

Dans la cabine vitrée, nous étions une dizaine, bien que 76 personnes puissent y prendre place. Capacité de montée : 1 400 personnes à l'heure !

La montée par le cœur du mât, pour aller à l'observatoire, a pris seulement deux minutes.

Observatoire

Des fenêtres panoramiques montrent l'île de Montréal, à vol d'oiseau. Côté nord, le Jardin botanique a l'air d'une maquette, avec les serres et les îlots boisés de l'arboretum.

Côté ouest, on a une vue en plongée du toit du Stade...

De gauche à droite, s'étendent le Saint-Laurent, les gratte-ciel du centre-ville et le mont Royal.

Grande attraction

Avec ses 175 m, la Tour de Montréal ne se compare pas à la Tour CN (553 m), à Toronto, la plus élevée sur la planète, ni à l'Empire State Building (443 m), ni à la tour Eiffel (320 m).

Consolons-nous, «la plus haute tour inclinée au monde», comme on dit à la RIO, dépasse la tour de Blackpool (158 m), en Angleterre. Il est toujours intéressant de comparer mais, qu'importe le résultat, à n'en pas douter, la Tour de Montréal demeure une grande attraction.

Note au lecteur : le funiculaire ne sera pas en opération du 8 janvier au 8 février 2001 en raison de l'entretien.

BON À SAVOIR

Accès en auto	coin des rues Sherbrooke et Viau
Accès en métro	station Viau
Frais d'entrée	9 $/ adulte, 5,50 $/ enfant
Stationnement	7 $ ou 10 $ (ou gratuit dans les rues voisines)
Site	Tour de Montréal
	4141, av. Pierre-de-Coubertin
	Montréal
Tél.	(514) 252-8687
Internet	http://www.rio.gouv.qc.ca

Excursions

sans bottes ni manteau

Guide pratique

S'adapter au froid, c'est facile

Pour aimer l'hiver et en apprécier les plaisirs pas chers, il faut savoir s'adapter. Nos grands-parents avaient appris car ils passaient beaucoup de temps dehors : ils mangeaient du lard et s'habillaient en pelures d'oignon.

De nos jours, avec nos diètes minceur et nos logements surchauffés, nous ne savons plus comment bien vivre avec le froid. Nous sommes devenus des mésadaptés de l'hiver conditionnés par les bulletins météo alarmistes. Pourtant, il n'y a pas de quoi déprimer quand le mercure atteint les -18°C. Les saisons contrastées sont une richesse des pays nordiques.

Bien boire et manger

Afin de maintenir une bonne circulation du sang – et donc de la chaleur –, il importe de bien s'hydrater. Boire du liquide facilite aussi l'absorption d'éléments nutritifs, lesquels génèrent de la chaleur.

En saison froide, notre corps a besoin d'un apport calorique constant. Nul besoin d'augmenter sa consommation de gras : une alimentation équilibrée et variée suffit. Il est toutefois important de bien manger à chaque repas et surtout de ne pas sauter le petit déjeuner. Autant que possible, mieux vaut éviter la sensation de faim, quitte à grignoter fruits et noix.

Alcool et café

Pour vous réchauffer, vous êtes tenté de boire plus de café? La caféine porte à uriner et entraîne ainsi la déshydratation. Une consommation modérée s'impose donc.

L'alcool ne réchauffe pas non plus. Prendre un verre provoque une dilatation des vaisseaux sanguins et ne procure qu'une sensation passagère de chaleur. Pire, l'alcool entraîne lui aussi la déshydratation.

Un apport supplémentaire de vitamine C peut s'avérer utile. Selon plusieurs études, une dose quotidienne de 500 mg augmente la résistance au froid. À vos jus d'orange et, qui sait... vous pourriez vous surprendre à adorer l'hiver.

Savoir s'habiller

En nature ou en ville, pour apprécier notre plus longue saison, il faut savoir se vêtir chaudement, même si le jargon complexe des nouveaux matériaux synthétiques en refroidit plusieurs.

Gore-Tex, Thinsulate, Polar... comment savoir s'il vaut la peine de payer le prix pour enfin ne plus avoir froid ? Derrière la montagne de termes techniques, se cache un principe fort simple : conserver la chaleur corporelle en restant au sec et en coupant le vent.

Le système multicouches

Chaque couche de vêtement joue un rôle complémentaire d'une autre. Un chandail tient au chaud dans la mesure où un manteau le recouvre. Il faut aussi éviter d'avoir trop chaud, sinon on transpire et ensuite on a froid. Voyons comment se vêtir pour une activité de plein air.

- **Première couche**

  Tout d'abord, les sous-vêtements longs. À éviter : la laine et le coton à 100 % car ils favorisent et retiennent la transpiration. Au contraire, la fibre de polypropylène, à la fois isolante et peu absorbante, laisse l'humidité s'évaporer. Par grand froid, optez pour un mélange polypropylène et laine.

- **Deuxième couche**

  Un chandail en Polar (polyester tissé serré) contribue à garder une couche d'air chaud près du corps. Contrairement à la laine naturelle, ce matériau n'absorbe pas l'eau et sèche rapidement.

- **Couche externe**

  Le manteau doit servir de barrière contre le vent, prévenant ainsi le refroidissement. En plein air, on

opte souvent pour le nylon, que les fabricants mêlent à du polyester, ou même à du coton, pour qu'il ne retienne pas l'humidité. Comme isolant, on retrouve une doublure en matières synthétiques tissées serré comme le Thinsulate (polyester-olofin) ou le Polar. Entre la doublure et la surface extérieure, certains manteaux sont munis d'une membrane de micropores comme le Gore-Tex. Ces très petits trous permettent à l'humidité de s'échapper mais ne laissent pas les gouttes d'eau pénétrer.

Faut-il payer le prix?

Mieux vaut comprendre le principe du système multi-couches que d'acheter à l'aveuglette des vêtements dits révolutionnaires. Des manteaux et chandails de marque moins connue, souvent beaucoup moins chers, ont des fonctions semblables. Et vous les avez peut-être déjà dans votre garde-robe!

• En ville

Comme par dessus, voici trois options valables : un long manteau de laine tissée serré, un imper de coton-polyester avec doublure synthétique ou, par grand froid, un parka bourré de duvet de densité moyenne. En dessous : un chandail ou un veston de laine. Un chandail en Polar (à partir de 50 $) demeure toutefois plus léger et juste assez chaud.

- **En nature**

  Tout coupe-vent doublé en matériaux synthétiques demeure valable, à condition de ne pas trop laisser entrer d'air froid et de ne pas retenir l'humidité. Un manteau avec revêtement extérieur coton-polyester, isolé avec du polyester, va combler la majorité des gens actifs. On en retrouve à bon prix dans les grands magasins. Pour un peu plus cher (à partir de 150 $), vous aurez un plus vaste choix dans des boutiques spécialisées. Et le Gore-Tex, en vaut-il le coût? Pas sûr. Ce matériau convient davantage aux conditions extrêmes, notamment pour des expéditions. Pour un chandail, le Polar comporte plus d'avantages que la laine, sans être plus dispendieux.

Les extrémités

- **Les mains**

  En ville, portez des gants de cuir isolés avec une doublure synthétique tissée serré (Thinsulate ou autre). Ils doivent être suffisamment amples pour permettre d'y insérer, avec aisance, une paire de gants minces en laine ou en fibres synthétiques, pour les froids plus intenses. Pour les sports d'hiver, des gants en nylon isolés avec une épaisse doublure synthétique constituent un bon choix, mais des mitaines demeurent encore plus chaudes. À plus basse température, des sous-gants apportent une isolation supplémentaire.

- **Les pieds**

  Pour être au chaud et au sec, enfilez d'abord une paire de bas minces en polypropylène ou en soie. Puis, mettez une paire de bas en fibres synthétiques

Guide pratique

mélangées à de la laine. Attention aux bottes trop serrées : les orteils doivent pouvoir bouger pour une bonne circulation.

- **La tête**

Porter un chapeau c'est bien, mais avec un large bandeau en dessous c'est encore mieux. Sous un froid intense, une bonne tuque (ou un capuchon) s'avère préférable à un passe-montagne couvrant seulement les oreilles. Pourquoi ? Parce qu'au moins 50 % de la chaleur du corps se perd par la tête ! Bien se vêtir l'hiver mais sans porter de couvre-chef, c'est chauffer une maison au toit défoncé...

Des bottes pour marcher

Vous le constaterez en parcourant les excursions de ce guide : ce ne sont pas les endroits qui manquent pour marcher en nature, même l'hiver. Si vous avez l'intention de fouler souvent sentiers et chemins pédestres pour faire le plein d'air frais, peut-être vaut-il la peine d'acheter des bottes en conséquence. Elles pourraient même servir pour la raquette puisque les *nouveaux attelages* s'adaptent désormais à tout type de chaussures.

Pour les randonnées d'hiver toutefois, il est préférable de les imperméabiliser avec de l'huile de vison ou un autre type de protecteur.

Une autre option : acheter des bottes doublées et déjà imperméables, avec lesquelles on peut marcher avec aisance, pour une heure ou deux, en terrain plat. Il y en a de plus en plus sur le marché, mais elles n'offrent pas toujours le support des vraies bottes de marche.

Vaste choix

Outre Merrell, plusieurs marques réputées se disputent le marché, dont Mephisto, Vasque et Salomon.

Comme il fallait s'y attendre, sont apparues une multitude d'imitations dans les magasins de sport ou de chaussures. Pour faciliter votre choix, il y a lieu de vous diriger dès le départ vers les boutiques spécialisées en articles de plein air.

Grosso modo, on retrouve trois grandes catégories de bottes de marche. Je vais vous les décrire.

- **Randonnée d'une demi-journée**

  Les bottes de courte randonnée les plus légères ressemblent à des espadrilles, mais leur semelle est plus rigide. Elles sont aussi dotées, au talon, d'un contrefort en cuir ou en plastique ultrarésistant. Elles conviennent à la majorité des adeptes du plein

air, mais aussi à toute personne qui marche plus
d'une heure à la fois, ici ou en voyage. La coquille
est en cuir et en cordura.
– Prix : 75 $ à 150 $.

- **Randonnée d'une journée**
  Les bottes conçues pour la randonnée d'une journée
  ont une semelle et un support latéral plus rigides.
  La doublure est aussi plus épaisse, mais les bottes
  sont à peine plus lourdes. Certains modèles sont munis d'une enve-
  loppe microporeuse (de type
  Gore-Tex), ce qui en assure
  l'imperméabilité.
  – Prix : 125 $ à 200 $.

- **Longue randonnée**
  Les bottes dites de longue randonnée s'adressent à
  ceux qui n'hésitent pas à dévorer les kilomètres ou
  à grimper les sentiers en montagne, chargés d'équipement. Les semelles, épaisses et franchement rigides, sont dotées de sillons profonds pour une bonne
  adhérence, surtout dans les pentes.
  Un talon vient renforcer la position du pied et faciliter les enjambées. Le soutien latéral est accru, la
  partie supérieure des bottes montant au-delà de
  la cheville.
  Le modèle traditionnel en cuir (avec couture autour
  de la semelle) est plus lourd que les modèles récents
  tout cuir ou avec cordura. Si vous n'êtes pas un
  habitué des randonnées, vous aurez l'impression de
  chausser des bottes de ski alpin...
  – Prix : 175 $ et plus.

Au moment de l'essai

À la boutique, ne chaussez pas vos bottes avec vos bas de ville mais plutôt avec ceux que vous utiliserez pour la randonnée. Si vous prévoyez des excursions d'au moins une journée, portez deux paires de bas. La première doit être en soie ou en polypropylène : elle laissera ainsi passer la transpiration et protégera le pied des frottements.

La deuxième paire, plus épaisse et en fibres synthétiques, retiendra l'humidité puis l'évacuera selon le principe de mèche. Lorsque vos bottes sont bien attachées, vous ne devez sentir aucun point de pression car elles ne s'adapteront pas, à l'usage, à la forme de vos pieds. Bref, la sensation de confort doit être immédiate.

En avez-vous besoin ?

Si vous marchez moins d'une heure à la fois, en ville ou dans de petits parcs urbains, vous n'avez pas du tout besoin de bottes de marche. N'importe quelles bottes d'hiver conviendront, même si elles sont souvent lourdes.

Une autre possibilité : ajouter une semelle intérieure ergonomique (de 10 $ à 20 $, en boutique ou chez un cordonnier) à un bottillon de ville confortable. Faites le test. Vous verrez bien !

Des oiseaux dans sa cour

En installant des mangeoires d'oiseaux autour de la maison, vous vous assurez d'un hiver coloré et beaucoup plus joyeux.

Si vous demeurez en banlieue ou en ville, où il y a quelques arbres, vous pouvez avoir tour à tour la visite d'une dizaine d'espèces d'oiseaux. Cela peut aller jusqu'à 30 espèces si vous demeurez à la campagne, les visiteurs ailés y étant non seulement plus nombreux mais aussi plus diversifiés. Aux gros becs errants, aux mésanges et aux moineaux s'ajoutent alors des espèces comme le grand pic ou le geai du Canada.

À table, les amis!

Un menu varié attire une variété de convives. Ainsi, différents aliments et différents postes d'alimentation sont susceptibles d'attirer plus d'oiseaux et plus d'espèces. Dès les premiers froids, le gras de bœuf est très apprécié des sitelles, des mésanges et des pics. Le beurre d'arachide et les noix hachées font aussi leur joie. Le geai bleu et le pic chevelu adorent les cacahuètes. Le pain et les restes de table plaisent à un certain nombre d'espèces d'oiseaux.

Ces aliments ne sont ni plus ni moins que des compléments ou des friandises. La plupart des oiseaux d'hiver étant des granivores, on les attire surtout avec des graines. Les graines de tournesol attirent la grande majorité des oiseaux.

L'un des meilleurs assortiments à offrir se compose de graines de tournesol noir, de millet blanc, de maïs concassé et de chardon noir. On peut se procurer ces graines à la coopérative la plus proche ou chez un dépositaire de mangeoires d'oiseaux, soit dans un grand magasin, dans certaines quincailleries ou dans des magasins spécialisés.

Mangeoires peu coûteuses

Certains postes d'alimentation ne nécessitent qu'une installation très rudimentaire et ne coûtent à peu près rien. Un morceau de suif gros comme le poing emballé dans un filet qu'on accroche à un arbre ou à un piquet est un bon exemple.

Le poste d'alimentation classique est à la fois le plus répandu et le plus facile à construire. Il s'agit d'un plateau d'environ 40 cm sur 60 cm supporté par un poteau d'une hauteur de 1 m ou 2 m. On peut bricoler ce plateau avec un bout de planche ou de contreplaqué. Des rebords d'environ 6 cm sont facultatifs mais ont l'avantage d'empêcher les graines de tomber de la plateforme sous l'effet d'un coup de vent ou de l'agitation des oiseaux. Ce type de mangeoire à ciel ouvert est idéal pour débuter. On y dispose habituellement des graines de tournesol.

Beaucoup d'invités

Il faut savoir qu'il s'exerce une sélection par ordre hiérarchique parmi les invités, laquelle est basée généralement sur la taille des espèces d'oiseaux. Les plus gros oiseaux se nourrissent normalement les premiers. Les geais bleus (les plus gros) n'acceptent pas habituellement de partager le festin avec les autres oiseaux. Les gros becs errants, souvent belliqueux même entre eux, chasseront à leur tour des espèces plus petites comme les mésanges, et ainsi de suite.

Pour donner une chance à tous et ainsi vous garantir une certaine variété d'espèces et un plus grand nombre d'oiseaux, il faudrait ajouter des postes d'alimentation complémentaires. Une mangeoire en acrylique munie de six perchoirs et d'autant d'ouvertures pourra attirer des espèces n'ayant pas droit à la mangeoire principale. Les petites dimensions de ces perchoirs empêcheront les plus gros oiseaux de s'y tenir. Des graines de tournesol peuvent faire l'affaire, mais certains préféreront utiliser du millet blanc pour attirer des petits becs fins, comme les sizerins.

Enfin, il est essentiel de disposer le poste d'alimentation principal bien en vue du haut des airs pour pouvoir intéresser nos invités. Bien entendu, on installe les mangeoires dans un endroit visible pour aussi faciliter leur observation. Petit détail important : ces sites doivent être le plus possible à l'abri du vent.

Attention aux pirates !

Afin de ne pas vous faire piller vos mangeoires, il faut souvent jouer de ruse avec les écureuils. Pour empêcher l'accès à la mangeoire principale (le plateau), installez un cône inversé (une feuille de tôle par exemple) au poteau de soutien. Une mangeoire secondaire peut être suspendue à un fil attaché entre deux points fixes. Ayez tout d'abord pris soin d'introduire un vieux disque de chaque côté du point d'alimentation... si vous avez le courage de vous défaire des succès d'Elvis ou des Beatles !

Guide pratique

Les raquettes de montagne : une nouvelle tendance

Au cours des dernières années, plusieurs fabricants se sont résolument acharnés à réinventer la raquette à neige. Et ils ont réussi.

En guise de semelle, la babiche a été remplacée par divers matériaux modernes comme du néoprène. Pour le cadre, des matériaux ultralégers comme  l'aluminium ont fait leur apparition. Les raquettes sont devenues plus légères et plus compactes.

Révolution sur la neige

Celles qui ont subi toutes ces transformations, on les désigne sous le nom de raquettes de montagne, même si on peut fort bien les utiliser n'importe où. De plus en plus, on en fait la location dans des parcs ou dans des boutiques de plein air. Comme elles ont fière allure et permettent d'agréables randonnées sans expérience et sans autre équipement, les raquettes de montagne gagnent en popularité.

Cette révolution vient aussi du système de pivot. Le harnais retient fermement le pied sur une barre ou une attache transversale, tout en lui assurant une mobilité de haut en bas. Les attelages conventionnels, faut-il le préciser, ont justement le vilain défaut de ne pas avoir de point d'appui fixe, d'où une certaine instabilité latérale du pied.

Les nouveaux attelages ont de plus l'immense avantage de s'adapter à différents types de chaussures, comme des bottes de marche ou des bottes en caoutchouc avec

Guide pratique

chaussettes isolantes (type Sorel). Ils sont même dotés de crampons pour une meilleure traction, ce qui permet de monter les pentes avec une étonnante facilité.

Meilleures que les raquettes traditionnelles

D'abord introduites dans les boutiques de plein air, les raquettes de montagne sont désormais disponibles dans plusieurs magasins de sport. Tubbs, un fabricant américain, fait figure de chef de file dans le domaine, mais plusieurs autres manufacturiers ont suivi, tel Faber, une entreprise québécoise déjà reconnue pour ses raquettes traditionnelles.

Les raquettes de montagne ont une forme allongée sans queue directionnelle, un cadre tubulaire en aluminium et une semelle pleine en matériaux synthétiques.

C'est fou comme elles sont petites. On dirait qu'on n'a rien d'attaché aux pieds. Les modèles de 20 cm sur 65 cm peuvent porter une personne de 70 kg, alors qu'il faut une dimension de 30 cm sur 75 cm pour des raquettes conventionnelles de type pattes d'ours.

Pour les cracks des nouveautés du plein air, les Tubbs sont considérées comme la Mercedes des raquettes pour leur allure et leur performance. Prix : environ 200 $ (et plus). Ça peut sembler cher, mais ça n'a rien à voir avec le modèle traditionnel en babiche, plus encombrant et sans mordant pour gravir la moindre petite côte.

Et puis, une fois équipé, on n'a pas à aller loin ou à dépenser beaucoup d'argent pour se balader.

Modèle hybride

Pour moins cher, il y a toujours les Freetrail, de Faber (environ 125 $), un modèle hybride de raquettes de montagne et de raquettes traditionnelles. Le cadre est en bois franc, tandis que la semelle est conçue soit avec du néoprène soit avec du polyéthylène. Le fabricant de Loretteville offre un vaste choix de dimensions, selon le poids de l'individu et le type de terrain.

J'ai souvent utilisé le modèle pattes d'ours. Sa forme compacte assure une grande liberté de mouvements dans les sous-bois. Sur les terrains en pente, l'adhérence est assurée par une griffe de plastique disposée sous la traverse latérale et sous la fixation, ainsi que par des crampons sous la talonnière et sous la fixation. À chaque enjambée, les raquettes mordent littéralement les surfaces glissantes ou la croûte.

La fixation, rappelons-le, fait toute la différence. Le système de pivot de la Freetrail, en s'avérant un bon point d'appui, assure une plus grande stabilité. La marche se pratique alors d'un pas plus ferme, ce qui est encore plus agréable.

Skier bien équipé

Skier, c'est prolonger sa vie. Hermann Smith Johannsen, surnommé Jack Rabbit, n'a-t-il pas parcouru les sentiers des Laurentides jusqu'à l'âge vénérable de 111 ans?

Toute personne le moindrement alerte et en bonne santé peut skier, mais impossible d'avoir du plaisir si on est mal équipé! Pour choisir pertinemment ou pour vérifier votre équipement actuel, voici ce qu'il faut considérer, point par point.

La longueur idéale

Traditionnellement, on détermine la longueur d'un ski selon sa grandeur. Bras levé et ski debout, la spatule doit toucher entre le poignet et le creux de la main. Cette procédure n'est pas à toute épreuve. En effet, les longueurs recommandées correspondent à la taille d'un skieur de poids moyen. Un skieur plus lourd a besoin de skis plus longs qu'un skieur de même taille.

La fameuse cambrure

Aussi à considérer: la cambrure (la courbe empêchant le centre de la semelle d'être en contact constant avec la neige). Quelqu'un de trop lourd va l'affaisser. Résultat: le fart colle sur la neige et empêche le ski de bien glisser.

Si vous êtes trop léger, la cambrure va garder sa forme et, au moment de la foulée, la semelle du ski ne touchera pas assez le sol pour une poussée efficace. Vous vous épuisez inutilement et vous n'avancez presque pas!

Comment trouver la juste mesure? Lorsque vous êtes debout sur vos skis, sur une surface dure, demandez à quelqu'un de passer une feuille de papier sous le ski. La feuille doit glisser librement, depuis l'arrière du talon jusqu'à 30 cm devant le pied.

Pour une cambrure fiable et un poids léger, à prix raisonnable, optez pour des skis à noyau de bois. Ceux à mousse injectée (acrylique ou polyuréthane) sont un peu moins chers, mais ils sont plutôt lourds. De plus, défaut majeur, la cambrure est souvent faible. Cela nuit donc à la poussée et au glissement.

Les semelles

Sur certains modèles, on n'a pas besoin d'appliquer un fart d'adhérence, prétendent les fabricants. Les semelles munies d'encoches, tel le type «écailles de poisson», sont censées donner le mordant nécessaire. Sur la neige durcie, la semelle a moins d'emprise. Dur, dur de faire des foulées à vide sans s'épuiser rapidement.

Des bottes confortables

Durant l'essai en magasin, portez les mêmes bas qu'en randonnée. Pour être à l'aise, vous devez être en mesure de soulever le talon de 0,5 cm, tout en bougeant les orteils. Le rebord doit être souple pour ne pas vous blesser avec la friction. La semelle aussi, mais pour une autre raison: faciliter le mouvement à l'occasion des foulées.

Pour ne pas geler les pieds, l'humidité ne doit pas s'accumuler dans les bottes. Choisissez celles avec une doublure en Thinsulate, ce matériau absorbant moins de 1 % de son poids en eau.

Fixations: deux systèmes

Au cours de la dernière décennie, les fixations se sont beaucoup améliorées. Les modèles munis de griffes faites pour s'accoupler aux trois trous au bout de la chaussure ont presque disparu. Le populaire système nordique Salomon (SNS) s'adapte plutôt à une tige latérale située au bout de la chaussure. Résultat: on se sent davantage en équilibre quand on lève le talon. Cette sensation de plus grande stabilité, on la doit aussi à une arête de guidage, sur laquelle s'emboîte la semelle creuse de la botte. Le pied reste donc toujours droit.

Il existe un autre système, basé sur le même principe, mais à double arête de guidage : la nouvelle norme nordique (NNN), commercialisée par Rottefella. Les deux modèles se valent. Comment choisir ? La sélection se fait d'elle-même : on se procure d'abord les bottes et, ensuite, on choisit le type de fixations compatible.

Les bâtons, ces incompris

S'ils sont trop longs ou trop courts, les bâtons ne peuvent servir à bien pousser. Pour un mouvement de piqué naturel et fluide, la bonne longueur se situe entre l'aisselle et le dessus de l'épaule. Comme matériau, choisissez la fibre de verre pour son prix abordable, sa légèreté et sa rigidité.

Sur les pistes de l'économie

Un bon équipement coûte environ 250 $. Comme des skis durent au moins 10 ans, cela ne fait pas trop cher par hiver. Achetez plutôt dans les petites boutiques spécialisées. À qualité égale, vous ne paierez pas davantage que dans les grands magasins. De plus, vous bénéficiez d'une assistance pour choisir un équipement qui vous convient vraiment.

Bon ski !

Lunettes de soleil : comment y voir clair ?

Pour beaucoup de gens, les lunettes de soleil sont devenues indispensables, même l'hiver. En a-t-on vraiment besoin et, si oui, quoi choisir ?

Vraiment nécessaires ?

Des ophtalmologistes sont d'avis qu'il vaut mieux s'en passer quand c'est possible. Le port de lunettes de soleil est d'abord justifié si on ressent un inconfort des yeux en présence d'une lumière intense. Cette réaction varie beaucoup d'un individu à l'autre.

Le port continu ou très fréquent de lunettes de soleil, croit-on, peut faire perdre à la rétine sa capacité de s'adapter et de capter la lumière. Certaines personnes ne peuvent plus s'en passer, même à l'intérieur.

Les lentilles protectrices ne sont pas nécessaires aux enfants. Il est préférable de les laisser s'adapter au soleil.

Lentilles foncées

La sensation d'éblouissement se manifeste davantage face aux reflets sur la neige. On ressent alors inévitablement le besoin de se protéger les yeux. La teinte des lentilles et le degré de protection contre les rayons ultraviolets ne sont pas liés.

Des lentilles foncées ne protègent pas nécessairement mieux les yeux. Au contraire, elles ont pour effet de dilater les pupilles et, si le filtre ultraviolet s'avère inadéquat, elles risquent d'être plus nuisibles qu'utiles !

Protection contre les UV

Se protéger contre l'éblouissement est une chose et se protéger contre les rayons ultraviolets en est une autre. Dans le premier cas, c'est surtout une question d'opacité de lentilles et, dans le deuxième, il s'agit d'un traitement spécifique.

Les personnes exposées longuement à un soleil intense, par exemple les skieurs alpins, doivent rechercher le standard « UV-400 », le chiffre correspondant au nombre de manomètres maximal émis par les rayons ultraviolets. Plusieurs opticiens sont en mesure de tester le degré de protection des lentilles contre les rayons UV grâce à un appareil spécial (*UV-tester*). Autrement, il faut se fier à la bonne foi des compagnies ou aux étiquettes...

Il est à noter qu'un filtre UV est transparent et comporte une teinte jaunâtre à peine notable.

Teintes et couleurs

L'opacité des lentilles pour contrer la densité lumineuse correspond à quatre degrés différents : 1 (15 %), 2 (35 %), 3 (65 %) et 4 (85 %). De l'avis de plusieurs spécialistes, la teinte n° 3 convient pour la majorité des cas chez nous.

Que penser alors des lentilles photochromatiques dont les teintes peuvent varier du degré 1 à 4, selon l'intensité du soleil ? Le problème avec ces lentilles, c'est qu'au bout de deux ans elles peuvent devenir opaques et le rester peu importe l'intensité lumineuse. Il n'est donc pas utile de se procurer des lentilles photochromatiques d'ordonnance dans le but d'éviter l'achat d'une deuxième paire de lunettes.

Quant à la couleur des lentilles, on lui attribue souvent des vertus particulières : le vert pour une fidèle perception des couleurs, le gris pour une transmission lumineuse uniforme ou le brun pour un meilleur contraste, sur l'eau ou sur la neige. Le choix est avant tout une question de goût.

Matériaux

En ce qui a trait aux matériaux, le plastique s'avère très avantageux, surtout pour les sports de plein air. Léger, il offre en plus une protection adéquate contre le soleil à très bon prix.

Explorer le ciel,
les pieds sur terre

C'est en pleine nature qu'on peut le mieux explorer le ciel, les deux pieds sur le plancher des vaches. Les grands espaces, loin des lumières aveuglantes des villes et des banlieues, s'avèrent en effet des endroits privilégiés pour l'astronome amateur.

L'observation du ciel, avec ou sans télescope, peut être considérée en quelque sorte comme la seule activité de plein air véritablement nocturne. Braconner des astres ne fait de mal à personne...

Les étoiles

La voûte céleste nous laisse voir pas moins de 3 000 étoiles, à l'œil nu. À une latitude de 45 degrés, soit celle de Montréal et de Grenoble en France, il est possible d'observer quelque 75 constellations au cours de l'année, dont 15 en tout temps.

La Grande Ourse, qui peut être utilisée pour l'orientation en forêt en cas d'urgence, est la plus connue. Située au nord, elle se reconnaît par ses sept étoiles brillantes dont la disposition rappelle la forme d'une casserole.

Pour les astronomes en herbe, la constellation d'Orion s'avère une merveilleuse découverte. Localisée entre le sud-est et le sud-ouest, elle est formée de sept étoiles brillantes, dont quatre forment un rectangle et trois une ligne en plein centre. Avec un télescope, les plus aguerris prennent plaisir au spectacle offert par la nébuleuse d'Orion, un fantastique nuage rosé chargé d'hydrogène. Mystique, le ciel n'est pas à court d'intrigues.

Pour vous retrouver dans ces espaces infinis, un cherche-étoiles est indispensable. Il s'agit en quelque sorte d'une carte rigide couverte d'un cercle mobile, gradué de 0 à 24 h. Le principe consiste à faire correspondre l'heure d'observation à la date indiquée sur un calendrier circulaire. La partie visible dans le cercle correspond aux étoiles observables en ces temps et lieu.

Les planètes

Plusieurs des planètes de notre système solaire sont visibles à l'œil nu, même si un télescope ou une lunette astronomique offre l'avantage évident des gros plans.

À première vue, les planètes se distinguent des étoiles par le fait qu'elles ne clignotent pas. Et comme elles ne mettent pas toutes le même temps à faire le tour du Soleil, on les observe à des intervalles très différents.

L'apprentissage

Les premières observations se font d'abord à l'œil nu. Dans un premier temps, vous apprenez à situer les principales constellations puisqu'elles servent de repères. Par la suite, vous pouvez commencer à épier le ciel avec des jumelles. Des lentilles de 7 x 50 font l'affaire. Il faut vous appuyer solidement ou vous munir d'un trépied.

Vient ensuite le stade de la petite lunette astronomique, disons d'un diamètre de 6 cm à 8 cm. L'usage de cet appareil ne se justifie pas seulement par son pouvoir de grossissement mais surtout par sa faculté de capter la lumière, pour une meilleure visibilité. Un instrument de bonne qualité commande un déboursé d'au moins 500 $.

Voir le ciel comme un lieu d'exploration, voilà certes une excellente façon d'élargir ses horizons!

BON À SAVOIR

Société d'astronomie de Montréal
C.P. 206, succ. Saint-Michel
Montréal (Québec)
H2A 3L9
Tél. : (514) 728-4422
www.cam.org./~sam/

Guide pratique

Comment dénicher
un chalet?

Tout le monde rêve, un jour ou l'autre, d'un chalet sous les arbres. Vous n'avez pas les moyens d'acheter? Alors, louez! Voyons comment dénicher votre résidence de vacances.

Vous le voyez déjà, votre chalet: entouré de sapins, juste à bonne distance des voisins, muni d'un foyer et de toutes les commodités modernes, sans bien sûr que cela coûte les yeux de la tête. Introuvable? Pas tout à fait.

Si vous êtes prêt à faire des compromis, vous trouverez peut-être plus facilement pour moins cher. C'est le cas, par exemple, pour les chalets qui se trouvent en retrait des stations de ski.

Pour la saison

Les prix de location pour un hiver varient beaucoup. De 3 000 $ à 8 000 $, selon l'emplacement et le confort de la résidence secondaire.

Une maison située au bas d'un mont de ski, dans une région touristique populaire comme l'Estrie ou les Laurentides, exigera les déboursés les plus élevés. Bref, attendez-vous à payer entre 6 000 $ et 8 000 $ la saison pour un chalet de deux chambres à coucher.

Si ces montants vous font sursauter, n'abandonnez pas pour autant votre rêve. Il reste toujours la possibilité de partager les frais à deux ou à plusieurs. L'idée de cohabiter avec d'autres ne vous plaît pas, même si ce sont de bons amis? Envisagez de vous y rendre un week-end sur deux et de vous répartir les vacances.

Jour ou mois

Une autre option à considérer: la location de courte durée. Généralement, les propriétaires cherchent à louer pour la saison. Toutefois, lorsqu'ils font appel à un intermédiaire, il arrive qu'ils louent au mois ou même à la

semaine. On peut s'attendre alors à des tarifs de 2 000 $ par mois ou 500 $ par semaine, et beaucoup plus pour la période des fêtes.

Certains chalets sont destinés exclusivement à la location, notamment dans les complexes de villégiature, lesquels se trouvent souvent près d'une station de ski. Taux de location moyen : 125 $ par jour.

Pour savoir quelle formule vous avantagerait le plus, il y a donc lieu de vous demander combien de jours vous prévoyez séjourner en chalet. Pour qu'il vaille la peine de débourser 6 000 $ à 2 personnes par exemple, il faut passer au moins 40 jours au chalet, soit 3 semaines de vacances et tous les week-ends de l'hiver. C'est beaucoup.

Partager les frais, et éventuellement le temps d'occupation, apparaît donc comme la solution la plus abordable.

BON À SAVOIR

Comment trouver : petites annonces des journaux, pancartes sur place, agences immobilières dans les localités touristiques, bureaux d'information touristique (Bromont, Magog), chambres de commerce (Saint-Donat, Saint-Sauveur), associations touristiques régionales

Info

Tourisme Québec :
873-2015 (de Montréal)
1-800-363-7777

Les villages vacances

Cherchez-vous un endroit pour les vacances des fêtes ou pour la relâche scolaire ? Avec plein de choses à faire et pas trop cher ? Optez pour un village vacances.

Avec tous les sports d'hiver et l'animation pour petits et grands, le tout concocté avec des forfaits tout compris, il est impossible de vous ennuyer ou de vous ruiner !

Services compris

À force de rénover les bâtiments et d'offrir de plus en plus de services aux gens actifs de tout âge, on a transformé d'anciens camp de vacances en de véritables villages vacances. On y propose des forfaits comprenant l'hébergement, les repas, l'équipement de sport et l'animation, une formule qui rappelle celle des clubs vacances au soleil, mais en plus économique.

Il y a toutefois lieu de prévoir un supplément pour certains services, comme les massages. À vérifier au moment des réservations.

Confortable

Sans être luxueux, les gîtes sont confortables. Selon les endroits, on retrouve un ou plusieurs pavillons abritant les chambres. Dans certains cas, les salles de bains sont à l'étage ; dans d'autres, elles sont privées, ce qui hausse les tarifs de quelques dollars.

Pour les repas, même s'il s'agit d'un service de cafétéria ou de buffet où on doit se servir soi-même, les menus sont sains et équilibrés. Vous pouvez, par ailleurs, y apporter votre vin. En vacances, la formule est particulièrement agréable. On y retrouve des gens rencontrés durant la journée et on se raconte fébrilement les péripéties du jour.

Guide pratique

Parlant de sports, les villages vacances vous donnent l'embarras du choix: ski de fond, raquette, tour de traîneau à chiens... Et vous n'avez surtout pas besoin d'être un expert car, là-bas, le plus important n'est pas de performer mais de s'amuser.

Peut-être préférerez-vous le *farniente* au bord du foyer, avec un bon bouquin...

Bien organisé

Vous avez aussi le choix parmi une vaste gamme d'activités, organisées beau temps mauvais temps. Des randonnées en nature figurent souvent au programme.

En soirée, on se rassemble à l'intérieur et les animateurs se chargent de vous réjouir. On organise des jeux complètement fous: la boîte noire (reconnaître des bruits enregistrés sur magnétophone), la chaise humaine (former un cercle très serré en s'asseyant les uns sur les autres) ou le lancer de l'œuf...

Aussi pour enfants

Plusieurs activités, à l'extérieur comme à l'intérieur, sont aussi organisées pour les enfants. Les jeunes, habituellement rassemblés par groupes d'âge, ont alors l'occasion de se faire de nouveaux amis ou de s'initier à un nouveau sport.

Ce service donne toute la liberté voulue aux parents pour quelques heures ou une journée, afin qu'ils profitent de leurs vacances comme bon leur semble. Les villages disposent souvent d'une halte-garderie pour les tout-petits.

Des villages, il y en a aux quatre coins de la province. J'en ai choisi deux pour vous, mentionnés en bas de page.

Bon à savoir

Frais	de 60 $ à 96 $ par jour, par adulte (incluant hébergement, repas, équipement de sport et animation); de 40 % à 70 % du prix pour les enfants, selon l'âge
Sites	Nouvel-Air Matawinie Saint-Michel-des-Saints (450) 833-6371 ou 1-800-361-9629 http: //www.matawinie.com
	Centre de vacances et de plein air le P'tit Bonheur Lac Supérieur 875-5555 (de Montréal) 1-800-567-6788 www.petitbonheur.com www.campjeuneair.com

Guide pratique

Les excursions organisées

Vous n'avez pas d'auto? Tant pis, il y a des excursions organisées, à partir de la région de Montréal, en autobus. Et puis, même si vous avez une auto, c'est tellement plus agréable de ne pas avoir à conduire après une journée en plein air, surtout si on part du Vermont ou de Mont-Tremblant.

Tout près de Montréal, on peut toujours prendre le volant. Mais pour s'assurer de belles conditions de neige, en skis de fond ou en raquettes, il faut souvent s'éloigner. Si on veut revenir coucher à la maison, sans avoir à conduire toute la soirée, alors aussi bien se joindre à une excursion offerte par un organisateur spécialisé.

Beau programme

Qui donc participe à ces randonnées? Des célibataires, mais aussi des couples. Des gens de tout âge et de tout niveau d'habileté.

Le programme est alléchant. Détour Nature offre des excursions en raquettes de montagne dans les Adirondacks, au parc du Mont-Tremblant ou au mont Mégantic. Ils vont aussi faire du ski de fond, entre autres, à Stowe.

Randonnées Plein Air, connu pour ses marches de mise en forme au mont Royal, propose également la formule. Ils vont se balader en skis de fond, entre autres au parc de la Mauricie et à la Montagne-Coupée.

Forfait

Pour moins de 50 $, on vit une excursion hors de l'ordinaire. C'est à peine plus cher que le coût de l'essence en auto!

Détour Nature fournit même les raquettes de montagne. Voilà une occasion en or d'en faire l'essai. Une autre bonne note pour cet organisateur: on a prévu des points de départ non seulement à Montréal, mais aussi à Laval et à Longueuil.

Le transport se fait habituellement dans un autobus confortable, du moins si je me fie à une excursion que j'ai faite avec Détour Nature. On apporte son lunch, que l'on partage en bonne compagnie.

Clubs

Comme organisateurs d'excursions avec transport en autobus, Détour Nature, Randonnées Plein Air et Samski sont, à ma connaissance, les plus expérimentés. Des clubs offrent également des sorties avec transport en covoiturage.

Dans les boutiques de plein air, on se fera un plaisir de vous faire des suggestions.

BON À SAVOIR

Excursions	un jour (ou plus)
Activités	ski de fond, raquette de montagne
Transport	autobus
Tarifs	environ 45 $
Info	Détour Nature : (514) 271-6046
	Randonnées Plein Air : (514) 524-5925
	Samski : (514) 345-0032

Les danses tropicales

La salsa, très populaire à Cuba, et le merengue, originaire de la République dominicaine, séduisent par leur rythme endiablé. Heureusement, on peut apprendre chez nous ces deux danses exotiques.

Il est tentant de se déhancher sans retenue au son de la musique latino-américaine. Mais comme ce sont des danses en couple, pour se laisser aller, il faut d'abord maîtriser quelques figures. Une série de leçons s'impose. Ensuite, avec la pratique, les mouvements deviendront plus naturels, plus spontanés.

Tête froide, cœur chaud

L'homme doit arriver à tout mémoriser pour bien guider sa partenaire, quitte à suivre quelques cours particuliers en plus du cours de groupe. Surtout pour la salsa, plus complexe... mais tellement exaltante!

Pour bien suivre, la femme doit être très attentive à son partenaire et garder les bras juste un peu tendus. Il sera alors plus facile pour elle de faire la figure en fonction du mouvement amorcé par l'homme, un peu comme en patinage artistique.

Pour en arriver à maîtriser les pas, il faut les répéter inlassablement. On y arrive encore plus vite si on reste après le cours pour mettre en pratique ce que l'on vient d'apprendre. C'est encore mieux si on s'y exerce au moins une fois avant le cours suivant. Au début, vous aurez l'impression de manquer de spontanéité mais, avec le temps, la passion prendra le dessus.

Les danses tropicales, c'est une folie contrôlée. La complicité aidant, c'est aussi un terrain fertile pour l'amitié ou pour l'amour.

Les écoles

La salsa et le merengue sont le plus souvent enseignés, au cours d'une même session, par de petites écoles, hors des standards de danse sociale. Aucune ne montre donc la même chose.

On y va en couple, ou même seul, car il y a des partenaires disponibles. Quelle école choisir ? Suivez mes pas. Parmi celles que j'ai essayées, en voici trois très *hot*.

- **Salsa Rica**

  Polis et attachants, les professeurs Barbara et Tomy Castro, sœur et frère péruviens d'origine, insistent avec raison sur la façon de guider. Généreux et attentionnés, ils dansent souvent avec les élèves après les cours.

  Grâce à Barbara, j'ai développé une plus grande aisance.

  Les cours de l'école Salsa Rica ont lieu, entre autres, à la Salsathèque, au centre-ville de Montréal.

- **Salsa Tropicale Olé**

  Aucun prof ne communique aussi bien sa passion qu'Alex Amado, un Péruvien d'origine toujours souriant et débordant d'énergie. Pour expliquer les figures, sa compagne, Véronique Lapierre, est imbat-

  table. Tous deux sont patients : ils comprennent les élèves et savent se mettre à leur niveau.

  Les cours de Salsa Tropicale Olé se donnent dans un studio près du centre-ville, ou encore au club Enigma, dans le Vieux-Montréal.

- **Salsa International**

  Cette nouvelle école est dirigée par Rico Amado, un *salsero* talentueux. Je n'ai pas suivi de cours avec lui, mais j'ai souvent eu l'occasion de le côtoyer alors qu'il assistait son frère Alex à l'école Salsa Tropicale Olé. Ce que Rico veut d'abord communiquer, c'est le plaisir de danser, un plaisir qui devient contagieux avec le sourire et le style.

Les cours se déroulent, entre autres, au club Copacabana, au centre-ville de Montréal.

Mieux qu'en vacances...

Les premiers pas ne sont pas faciles mais, petit à petit, en dansant chaque semaine, on est de plus en plus à l'aise. On se rend compte que plus on maîtrise ses mouvements, plus on sent le rythme de la musique et plus on s'amuse.

Contrairement à ce qu'on croit, on apprend davantage à danser ici qu'en vacances dans le Sud. La raison en est simple : les cours sont répartis sur plusieurs semaines et on est mieux encadré. On se fait des amis et on sort dans les clubs latinos quand on en a envie. On vit ainsi l'exotisme à l'année.

BON À SAVOIR

Frais	environ 120 $/ 8 cours de groupe (1 par semaine)
Info	École Salsa Rica (514) 684-9156 (514) 249-4864 www.chez.com./salsarica
	École Salsa Tropicale Olé (514) 732-0052 (514) 945-4763 http ://come.to/salsaole
	École Salsa International (514) 768-7585 (514) 363-1155

Guide pratique

CRÉDITS PHOTOS